CYRANO DE BERGERAC

EDMOND ROSTAND

Cyrano de Bergerac

Comédie héroïque
en cinq actes et en vers

PRÉFACE ET NOTES DE PIERRE CITTI

LE LIVRE DE POCHE
Classiques

Cet ouvrage a été publié
sous la direction de Michel Simonin

Ancien élève de l'École normale supérieure, docteur d'État et professeur de littérature française à l'université de Montpellier, Pierre Citti est l'auteur notamment, de *Contre la décadence* (PUF, 1987), *Le Champ littéraire* (Vrin, 1992), *Fins de siècle* (PUF, 1995).

ISBN : 978-2-253-00567-4 - 1re publication - LGF

Préface

En 1897 et à chaque reprise, le triomphe de *Cyrano* réunit trois jubilantes victoires : celle de la poésie, celle du jeu et celle de l'individualisme héroïque — et sacrificiel.

« Pourquoi ce grand rideau rouge ne cesse-t-il de se relever ? Pourquoi ces mains ne cessent-elles d'applaudir ? Pourquoi ces bravos, ces rappels, ces cris ? Pourquoi tous les visages semblent-ils transfigurés par des larmes et des sourires ?... Pourquoi ce jeune nom, qu'une voix triomphante a jeté dans la salle, s'échappe-t-il comme un oiseau de gloire pour aller courir de bouche en bouche, de soir en soir, de pays en pays ? (...) Pourquoi cette date du 27 décembre bondissait-elle du calendrier jusqu'à devenir immortelle ? Pourquoi ce soir, unique entre tous les soirs, eut-il le bleu d'un rêve et la couleur de surprise d'une étoile ?...

Parce que, ce soir-là, on jouait pour la première fois *Cyrano de Bergerac* au Théâtre de la Porte-Saint-Martin ! »

Ainsi dans ses Mémoires triomphe Rosemonde Gérard, la « charmante épouse » d'Edmond Rostand, et poète comme lui (« Car vois-tu, chaque jour je t'aime davantage, / Aujourd'hui plus qu'hier, et bien moins que demain »). Et tous les introducteurs à *Cyrano de Bergerac* rappellent le succès du siècle, ce 27 décembre 1897, date de la répétition générale à la Porte-Saint-Martin. Et en écrasent les pédants envieux qui méprisèrent la pièce, tel, dans *Le Mercure de France*, cet André-Ferdinand Hérold, le dra-

maturge symboliste de *Sakuntala*. Par avance
Cyrano leur avait répondu, à ces poétaillons de chapelle, il les avait congédiés de sa belle manière :

> S'aller faire nommer pape par les conciles
> Que dans des cabarets tiennent des imbéciles?
> Non, merci !

Du reste, en cette trêve des confiseurs de 1897,
Cyrano fait l'unanimité des francs esprits. Le pré-
sident du Conseil, Jules Méline, le décore de la
Légion d'honneur sur le champ de gloire. Sarcey,
prince des critiques dramatiques et oracle du *Temps*,
loue le réveil de la Gaule, et le panache de Cyrano
chassant les miasmes naturalistes et les nuées scan-
dinaves. C'était jouer de ce grand succès contre le
Théâtre Libre d'Antoine et le Théâtre de l'Œuvre de
Lugné-Poe qui, depuis dix et quatre ans, jouaient
Ibsen et Bjørnson. Les critiques du *Figaro* (Henry
Fouquier) et de *L'Événement* font chorus. De là
l'explication simple d'un succès de chauvinisme et de
philistinisme.

Mais elle ne tient pas : Henry Bauër, le critique de
L'Écho de Paris, avait défendu le Norvégien et Lugné-
Poe, le metteur en scène de *Pelléas et Mélisande* : il
applaudit plus fort encore. Il est vrai qu'il partage
avec le vieux Sarcey un tempérament à verve flatté
par *Cyrano*. Mais Catulle Mendès? Lui qui sert dans
l'avant-garde depuis trente ans, il salue avec émotion
un nouvel *Hernani*. Émile Faguet, enfin, si cultivé, si
averti de toute nouveauté littéraire autant qu'érudite,
Émile Faguet voit poindre avec Rostand une nouvelle école littéraire, digne de celle de 1830. Enfin
qu'on lise le *Journal* de Jules Renard — artiste exi-
geant et esprit ironique : son admiration est sincère.

Une réputation douteuse

Plus tard seulement s'attachera à *Cyrano* la réputation de bluff littéraire (c'est le titre d'un pamphlet de
Jehan Rictus en 1903), de clinquant, de faux chef-
d'œuvre. Quand Émile Magne en 1898 dénonce *Les*

Erreurs de documentation de Rostand, cela peut passer pour du pédantisme — et en vérité ce l'est quelquefois (non sans erreurs de documentation!). Déjà, dans *La Revue des Deux Mondes*, Jules Lemaître, dans un article en somme élogieux, marquait quelques réserves moins sur l'œuvre que sur l'enthousiasme général : il commençait par rappeler les triomphes inouïs du *Timocrate* de Thomas Corneille et des *Vêpres siciliennes* de Casimir Delavigne, pour s'inquiéter d'un applaudissement universel inconnu aux « premières » du *Cid* et d'*Andromaque*.

Il avait tort, car *Cyrano* a vaincu en longévité *Timocrate*. Mais il avait raison de dire que la pièce de Rostand ne renouvelait ni le théâtre, ni la littérature française. Le 27 décembre 1897 n'est pas une date littéraire importante. Et c'est bien là le scandale.

Car d'un côté il est injuste d'accuser l'incurable futilité du public. Il a montré du moins sa constance. « A quoi pouvait répondre, dans la réalité, l'absurde héroïsme de Cyrano? » écrit Romain Rolland dans *La Foire sur la place*, le cinquième volume de *Jean-Christophe* : « C'est ainsi que ces bonnes gens jouaient (...) les héros en chambre. Dignes rejetons des illustres benêts du temps du *Grand Cyrus*, ces Gascons de l'idéal — Scudéry, La Calprenède —, chantres du faux héroïsme, de l'héroïsme impossible qui est l'ennemi du vrai... Christophe remarquait avec étonnement que les Français, qui se disent si fins, n'avaient pas le sens du ridicule. »

Il est vrai que Rolland avait choisi son héros Allemand et non Gascon. En est-il plus crédible? Lorsque Christophe se dresse contre l'art gangrené du Paris fin de siècle, tel que le montre son auteur, est-il moins donquichottesque? Vingt pages avant il s'exclame : « Messieurs, ennemi de tout le monde! » (Pas de doute, il était à *Cyrano*!) Du reste cette critique est mal venue : précisément parce que la pièce de Rostand eut plus de succès que celles de Sardou ou de Bergerat auxquelles Rolland voudrait la ramener, on ne peut la juger à leur aune. Pourquoi

nier l'impression de nouveauté qu'elle produisit?
Pourquoi prétendre qu'elle fut fausse?

Mais on consent que cette nouveauté n'est pas de
l'ordre littéraire. Le public d'aujourd'hui connaît
bien mieux *Cyrano* que *Pelléas et Mélisande* de Maeterlinck et que *La Ville* de Claudel, mais voilà deux
pièces qui ont compté infiniment plus dans l'histoire
de la dramaturgie. *Cyrano* — jusqu'à aujourd'hui en
tout cas — n'a pas « pris » en littérature.

Cyrano *et l'histoire littéraire*

Les critiques enthousiastes constataient depuis
plus de dix ans le divorce entre le théâtre et la
littérature. Ils savaient que les écrivains les plus
artistes du symbolisme exprimaient un total mépris
pour le théâtre, qui le leur rendait en indifférence.
Les « succès » du théâtre symboliste — celui de Maeterlinck par exemple — consistèrent en une ou deux
représentations où des amateurs avouèrent une
estime nuancée de réticences — dont la principale
était : avait-on besoin de mettre cette belle œuvre en
scène?

Antoine avait imposé François de Curel, avec des
pièces sociales dans le goût de Hauptmann et
d'Ibsen — comme *Le Repas du Lion* en 1897, ou
comme *La Nouvelle Idole* en 1899, des pièces agitant
des « questions » humaines, juridiques, philoso-
phiques. (*La Nouvelle Idole* est l'histoire d'un savant
qui, pour ses recherches, inocule le « virus du cancer » à une jeune religieuse phtisique en phase
finale. Or [miracle?] la religieuse guérit de la tuber-
culose — mais meurt du cancer. On voit pire à la
télévision à peu près tous les jours...) C'était bien de
la littérature, mais enfin ce n'était pas de l'art pur. Et
ne parlons pas des comédies, vaudevilles, ni naturellement des grandes reprises classiques, ni même du
Lorenzaccio créé en 1897 aussi, pour la première fois
au théâtre, par Sarah Bernhardt : il ressortissait bien
évidemment à une époque révolue.

On comprend alors l'illusion des critiques; en

Cyrano se réconciliaient la poésie, une jeune poésie, enfin la poésie d'un jeune, et le théâtre. Les malentendus étaient effacés. On pouvait espérer une nouvelle génération de 1830. Mais le succès de *Cyrano* prouva définitivement le divorce entre le succès et l'invention artistique.

Lemaitre le pressentait bien. Sarcey, Bauër, Faguet se trompèrent quand ils crurent que ce fameux triomphe était d'ordre littéraire. Comme nous tous, ils ne concevaient pas qu'une œuvre puisse surgir et vivre en dehors de « l'évolution littéraire ». Un chef-d'œuvre était une mutation : après *Le Cid*, après *Le Misanthrope*, le théâtre ne pouvait être le même. *Cyrano*, en fanfare, entrait dans la série, il devait donc sonner le renouveau du théâtre.

Tout cela est de la faute des historiens. Nous décrivons la file des transformations littéraires : l'innovation réussie devient un modèle, le modèle poncif; nous nous empressons d'expliquer l'originalité par ses antécédents et sa postérité. Mais des œuvres se moquent de nous, celles qui ont réussi non dans l'ordre de l'innovation, mais dans l'ordre de la mémoire. Non dans le système du modèle littéraire, mais de la référence collective. Ce sont les *Fables* de La Fontaine, les *Contes* de Perrault, *Robin des Bois*, *Les Trois Mousquetaires*, *Cyrano* ou son contemporain *Ubu*. Elles sont elles-mêmes posées sur des sources, elles ont suscité des imitations, et on peut en faire des éditions universitaires. Mais elles sont entrées dans nos souvenirs avec une force de pénétration que d'autres n'ont pas. *Madame Bovary* est sans doute un texte plus important pour l'histoire de la littérature que *Les Misérables* qui pourtant s'ouvrent les codes de notre mémoire avec une facilité incomparable. Si nous nous enrageons à faire entrer *Cyrano* dans une histoire, ce ne sera pas celle de l'invention littéraire, mais celle de la mémoire des hommes, depuis la fin du siècle dernier.

⁂

Cyrano est un drame historique, à couleur locale

intense, comme on en a écrit une centaine au
XIXe siècle, de Casimir Delavigne à Émile Bergerat en
passant, bien sûr, par Dumas père et Hugo. Il prend
donc rang dans une continuité sans mystère.

Il nous montre la fin de l'époque Louis XIII.
Était-ce plus original ? Nous savons qu'un historien
de l'art, Heinrich Wölfflin, venait d'inventer en Allemagne un continent nouveau : *Renaissance et
Baroque* est de 1887. Lancés sur cette piste fraîche,
nous remarquons bien vite que les années 1890 mon-
trèrent beaucoup d'intérêt pour le XVIIe siècle. En
1897 on s'est dépris du symbolisme, dont un des
fondateurs, Moréas, a formé l'École romane, qui
prône le classicisme. L'attrait du classicisme va
s'amplifier et s'avouer sans cesse (sans interruption
jusqu'au milieu de notre siècle). Jules Renard renoue
avec La Fontaine et La Bruyère, Valéry place *Monsieur Teste* sous l'invocation de Descartes... Mais la
génération de Rostand aborde le classicisme par une
route qu'avaient ouverte les Romantiques, et qu'on
venait d'appeler le baroque.

Le Romantisme français découvrit les préclas-
siques. Nodier, Hugo, Dumas, Gautier, Nerval
aimèrent les « grotesques » du siècle de Louis XIII,
un XVIIe siècle jeune France. Ils admiraient la vitalité
pittoresque d'une grandeur adolescente :

De deux cents ans mon âme rajeunit.
C'est sous Louis XIII...

Ils se comparaient aux poètes « baroques » —
incomplets mais truculents (on dira ensuite réalistes),
un peu barbares — et condamnés par Boileau.

Aussi vit-on republier d'innombrables mémoires et
ouvrages curieux, comme le *Théâtre français* de
Samuel Chappuzeau, le *Dictionnaire des précieuses*
de Somaize, que Rostand a eus entre les mains. En
1858, au catalogue de la « Bibliothèque gauloise »
(rappelons-nous l'émotion celtique de Sarcey), dirigée par Paul Lacroix, alias « le Bibliophile Jacob »,
l'éditeur Delahays offrait les *Satires* de Mathurin
Régnier; les *Satires et vers burlesques* de Sigogne,

Colletet, Scarron; les *Chansons* de Gaultier-Gar-
guille, les *Avantures* de D'Assoucy, le *Francion* de
Sorel, les *Délices de Verboquet le Généreux* chers à
Anatole France, et enfin les œuvres en deux volumes
de Cyrano de Bergerac, éditées et annotées par le
« Bibliophile Jacob ».

« Il a tant travaillé »

Voilà qui nous amène à la question des sources —
ou, mieux encore, du choix de Cyrano par Rostand.
Rostand a bien connu, très tôt semble-t-il, l'édition
Lacroix. Cette édition est précédée d'une longue
notice historique, dont les agréables fantaisies
seront reprises par Rostand : c'est là qu'on apprend
que Cyrano aurait pu être assassiné, par exemple, ou
qu'il était musicien puisque gassendiste, etc. En réalité cette notice brode sur le texte dont Lacroix la fait
suivre, la préface à l'*Histoire comique des Estats et
Empires de la Lune*, où la vie de Cyrano est succincte-
ment retracée par son ami Le Bret. Nous donnons en
appendice le texte de Le Bret, car c'est la source
presque unique de tout ce qu'on savait alors sur
Cyrano. En outre Rostand a lu, évidemment, l'œuvre
de Cyrano, soit les *Estats et Empires de la Lune*, ceux
du *Soleil*, et un *Fragment de physique*, qui composent
le premier volume. P. Lacroix a également annoté le
second, qui, sous le titre d'*Œuvres diverses*, contient
des *Lettres diverses satiriques* et *amoureuses*, de rares
poésies, *Le Pédant joué* et *La Mort d'Agrippine*, la
seule comédie et la seule tragédie de Cyrano.

On verra par nos notes que Rostand a utilisé avec
soin ces sources premières, et qu'il en a ajouté bien
d'autres, selon qu'il avait à montrer l'Hôtel de Bourgogne, la pâtisserie de Ragueneau, le siège d'Arras,
ou à récapituler des événements de l'année 1655. Il
semble s'être particulièrement servi d'une part des
publications d'un érudit, Charles-Louis Livet, éditeur du *Dictionnaire des précieuses* de Somaize et
d'une histoire de l'Académie. Il a sans doute encore
consulté Tallemant des Réaux et les *Menagiana*. Sauf

ce qu'il a choisi d'inventer, comme les circonstances de la mort de son héros, il n'écrit rien « de chic ». A vrai dire, à l'exception du « bastogne » du vers 896 qui me laisse perplexe, les présentateurs de *Cyrano* ont pu retrouver à peu près toutes ses sources. Cela ne signifie nullement que Rostand soit un historien exact — ce n'est pas son propos —, mais qu'à la manière des tragiques du XVIIᵉ siècle il peut appuyer d'une autorité à peu près tout ce qu'il a dit. Volontiers on le féliciterait comme y invitait sa belle-mère, à en croire Jules Renard : « Il est si gentil. Il a tant travaillé. Ça lui était bien dû. »

Ne sourions pas trop de cette érudition antélansonienne, romanesque et lacunaire. Peut-être nos thèses universitaires ont-elles plus d'exactitude, elles répondent rarement avec tant de justesse à la culture contemporaine. Cyrano existait déjà dans Nodier et Théophile Gautier avant que Lacroix ne s'en occupe. L'article de Nodier [1], dont l'édition Delahays de 1858 cite de longs extraits, contient la *moralité* de *Cyrano*, histoire d'un précurseur méconnu, victime de sa fierté.

Il y avait une fois un cheval de bois qui porta dans ses flancs tous les conquérants d'Ilion et qui n'eut point de part au triomphe. Ceci commence comme un conte de fées, et cependant c'est une histoire.

Pauvre cheval de bois, pauvre Cyrano !

Que s'il avait fait valoir, aux dépens de son honneur, la tutelle obligeante (...) de M. le maréchal de Gassion, et fréquenté sous [ses] auspices quelque bureau de pédants favorisés de la clientèle d'un grand seigneur ou avantageusement noté dans la plate gazette de Loret ;

S'il avait, l'infortuné ! doté de quelques vers d'*Agrippine* la boutique des Cinq Auteurs et l'atelier tragique du cardinal ;

S'il avait seulement résumé son génie dans le *sonnet sans défaut* qui vaut *un long poème* (...) ;

Alors il eût pu vieillir doucement, dignement, plein de jours, choyé, prôné, pensionné (...).

1. *Revue de Paris*, août 1831.

Il mourut de chagrin, de misère et peut-être de faim (...).

Pourquoi tenter aussi la carrière des lettres, quand on a le malheur d'y porter un caractère qui ne sympathise pas avec le monde et une liberté d'âme incapable de souplesse?

Que diable allait-il faire en cette galère?

Pauvre Cyrano!

Voilà donc à peu près toute l'histoire, l'argument de la pièce. Il y manque encore le sacrifice amoureux — et le nez.

Le nez, c'est Gautier qui en est l'inventeur. Dans ses *Grotesques* il a décrit le masque fameux :

Ce nez invraisemblable se prélasse dans une figure de trois quarts dont il couvre entièrement le petit côté; il forme sur le milieu une montagne qui me paraît devoir être, après l'Himalaya, la plus haute montagne du monde; puis il se précipite vers la bouche, qu'il obombre largement, comme une trompe de tapir ou un rostre d'oiseau de proie; tout à fait à l'extrémité il est séparé en deux portions par un filet assez semblable, quoique plus prononcé, au sillon qui coupe la lèvre de cerise d'Anne d'Autriche, la blanche reine aux longues mains d'ivoire. Cela fait comme deux nez distincts dans une même face, ce qui est trop pour la coutume. Quelques chiens de chasse offrent aussi cette conformation; elle est le signe d'une grande bienveillance; les portraits de saint Vincent de Paul ou du diacre Paris, vous montreront les types les mieux caractérisés de cette espèce de structure : seulement le nez de Cyrano est moins pâteux, moins charnu dans le contour; il a plus d'os et de cartilages, plus de méplats et de luisant, il est plus héroïque. Quant au reste de la figure, autant que ce nez triomphal permet de l'apercevoir, il m'a semblé gracieux et régulier (...). N'était le nez, ce serait réellement un joli garçon; ce nez malencontreux fut du reste pour Cyrano de Bergerac une occasion de déployer sa valeur dans des duels qui se renouvelaient presque tous les jours.

Le danger, pour Rostand, était aussi de se perdre dans cette documentation et d'en submerger le spectateur. Mais il a su la circonscrire aux ouvrages familiers à son public. Les lecteurs de Dumas — des

Trois Mousquetaires et de *Vingt ans après*, mais aussi de *Louis XIV et son siècle* — y avaient rencontré le maréchal de Gramont (le comte de Guiche), Mlle Robineau, une mention de Cyrano, l'évocation des précieuses, de l'hôtel de Rambouillet, avec un renvoi au *Dictionnaire* de Somaize. Et surtout un lecteur du *Capitaine Fracasse* savait plus qu'il n'en fallait pour entendre Cyrano sans notes, et même goûter le ressouvenir du savoureux roman : outre une allusion à Cyrano et à son nez, on trouve presque tout le vocabulaire Louis XIII de la pièce (tire-laine, viédaze, colichemarde, duegna, croquer le marmot, etc.), les noms de Scudéry, de Saint-Amant, *L'Astrée*, la description d'un poète crotté, d'une plantureuse cuisine digne de celle de Ragueneau, de représentations théâtrales, tout *Le Roman comique* de Scarron. L'honorable spadassin Jacquemin Lampourde rappelle expressément Cyrano par son nez, « dont l'ombre lui couvrait toute une joue comme l'ombre de l'Etna couvre une grande partie de la Sicile (...); ce promontoire de chair découpait grotesquement son profil étrange et monstrueux » — estampe que Gautier cerne d'une évocation de Callot (voyez les vers 106, 320, 525, etc.). Signe mineur mais révélateur, on découvre dans ce roman jusqu'à Laridon (vers 430).

Et puis le 6 octobre 1896, un an avant *Cyrano*, l'Odéon donnait *Le Capitaine Fracasse*, « comédie héroïque en cinq actes et en vers » d'Émile Bergerat, poète parnassien et gendre de Gautier. En cette queue du symbolisme, en ces années 1890 où tant de gens guettent les signes de « l'énergie nationale » (1897 est aussi l'année des *Déracinés* de Barrès), l'apogée du XVIIe siècle français, que Nodier, Gautier, Nerval ont appris à découvrir par l'amont, excite à de grands désirs de renaissance. De là une question qui, surtout de 1905 à 1912, reviendra souvent dans le débat littéraire : la vocation classique de la littérature française, ou la vocation française à devenir classique. On voit que Sarcey, malgré le ton de suffisance qui le rend si irritant, libérait brutalement une anxiété collective, que partageait Faguet : voyez sa joie, au succès de *Cyrano* (« après 1630, 1660, 1830, il m'est donné de voir renaître en littérature un grand mouvement national »). Manifestement *Cyrano*, exaltant les énergies françaises par l'individualisme héroïque et le choix du sacrifice, répondait à des désirs de son temps.

Cyrano *symboliste ?*

De Gautier à Rostand, la filiation est claire : c'est Théodore de Banville, et le Parnasse. Mais c'est aussi avec André Gide et Jules Renard qu'il faut lire Rostand.

Sa génération vient à l'âge d'écrire en plein symbolisme. Contre le naturalisme, la littérature des années 1880 « exprimait l'individualisme dans l'art » — selon l'expression de Remy de Gourmont. Elle composa donc une figure de l'artiste original et provocant jusqu'à l'obscurité, jusqu'à la « malédiction » — qu'on retrouve à travers *Les Poètes maudits* de Verlaine, le héros de *A rebours* de Huysmans, l'œuvre de Laforgue, la vie d'Oscar Wilde et jusqu'au *Culte du moi* de Barrès.

Le personnage du poète

Le personnage régnant de cette littérature, c'est l'artiste, peintre, poète ou romancier : voyez *Fort comme la mort* de Maupassant, *Mensonges* de Bourget, *Pascal Géfosse* de Paul Margueritte, *Là-bas* de Huysmans, *Le Désespéré* de Léon Bloy, etc.

Or précisément, comme Joffroy Rudel, le héros de Rostand dans *La Princesse lointaine*, Cyrano est poète, et poète solitaire. Ce n'est pas une poésie difficile qui l'isole, mais la condition de qui écrit la sienne avec exigence et dont le « sang se coagule / En pensant qu'on y peut changer une virgule ».

Une conduite d'esthète le fait se satisfaire de son œuvre et mépriser l'approbation du public, dédaigner le succès et la brigue littéraire. Lieux communs de toujours ? il est vrai, mais lisez, en 1896, les « Conseils » de Gourmont « à un jeune écrivain » et vous trouverez, sous la forme de recommandations ironiques, à peu près tout ce que Cyrano refuse avec ses « non merci ! ».

Le contexte littéraire des années 1890

Mais les jeunes gens nés entre 1865 et 1870 voient aussi finir le symbolisme. Comme le héros de Barrès, leur aîné immédiat, ils jouent à un jeu orgueilleux, cruel et naïf : s'affranchir des maîtres pour édifier un « moi » libre et complet — et aussitôt, de peur de s'asservir encore au culte de soi-même, chercher à quel haut service sacrifier l'unique merveille de ce moi.

Aussi le « dédoublement de la conscience » — c'est le titre d'un article de psychologie contemporaine — est-il la situation maîtresse du roman de ce temps-là : voyez *Le Disciple* de Paul Bourget, ou, en 1892, *L'Ennemi des lois* de Maurice Barrès. Surgissent alors, dans les nouvelles de Marcel Schwob et de Jean Lorrain, les thèmes frères du double et du masque (*Cœur double, Le Roi au masque d'or* de Marcel Schwob, etc.). Ces deux thèmes sont fondus dans *Cyrano* : le masque du nez cache un amant exquis. L'amant acceptera alors une « doublure » — le beau Christian — et Roxane aimera ainsi deux hommes en un seul être.

Ajoutons qu'à la figure de l'artiste, dominant alors l'imagination littéraire, cette nouvelle génération substitue un autre personnage régnant : le jeune homme — parfois artiste lui-même — mais surtout « un être en formation », disait Gide. Le jeune homme se heurte au modèle de l'artiste, et plus généralement aux « fantômes de l'extrême littérature » qui, d'après Marcel Schwob, « hantent les cerveaux » de ce temps. Trop de littérature, soupirent des personnages étouffés par la foule des Hamlet, des Faust, des Des Esseintes, qui leur bouche l'horizon.

C'est précisément la donnée des *Romanesques* de Rostand, que la Comédie-Française représente en 1894 : des pères trop avisés jouent la comédie des Capulet et des Montaigu pour marier leurs romanesques enfants qui entrent avec enthousiasme dans les rôles de Roméo et Juliette. Puissance de la littérature ! Mais tout se découvre, et il faudra réapprendre la vraie vie, qui pansera les plaies. Force et bonté de la nature sincère.

Ainsi les personnages du *Voyage d'Urien* d'André Gide jettent-ils à la mer les livres. « Brûle tous les livres », ordonne la Monelle de Schwob. « Jette ce livre », s'entend dire le Nathanaël des *Nourritures terrestres* : nous sommes en 1897, c'est l'année du *Manifeste naturiste*, par lequel de jeunes poètes convient la littérature à quitter l'affectation symboliste, à ventiler l'air raréfié de l'art pour l'art, à retrouver la vie forte et simple. Nous sommes à la veille de la célébrité de Francis Jammes. Et *Les Déracinés* de Barrès invitent à devenir ce qu'on est au lieu de ce qu'on lit.

Les Déracinés sont aussi une grande rêverie sur l'action, partant sur le pouvoir et donc la responsabilité de l'écrivain. Vous êtes des individus, dit à peu près Barrès, soyez des volontés. Et en effet agir devient le maître mot de ces « intellectuels » : le terme date de l'affaire Dreyfus qui, précisément, les engagea tous (et Rostand, qui fut dreyfusard) et n'aurait pas été l'Affaire sans cette exigence d'époque.

Dans la dernière scène, Cyrano s'escrime contre les Préjugés, les Lâchetés, la Sottise... Vaste et vague programme. Aussi n'est-ce pas l'adversaire qui compte, mais l'image de l'écrivain attaquant l'arme haute : la plume vaut l'épée. Ne nous croyons pas tenus d'ironiser, et pensons à Péguy, à Bernard Lazare : « Nous fûmes des héros »... C'est avec une propriété merveilleuse que cette pièce exprimait l'imagination de ce temps-là, si parfaite, en somme, qu'elle parut aller de soi. Or c'était bien de l'imagerie, mais d'une imagination encore naissante, qui chez Péguy et Romain Rolland, dix ans plus tard, allait redécouvrir (sans songer naturellement à un *Cyrano* banalisé par le succès) les vertus de la chevalerie française et du sacrifice, « bien plus beau lorsque c'est inutile » — et donc bien plus efficace.

Encore un mot sur ce contexte littéraire de 1897. La nouvelle figure de l'écrivain responsable agissant fait de lui une manière de maître (malgré ses réticences; ne s'était-il pas affranchi de tous les maîtres?). Les lycéens des *Déracinés*, déçus par leur professeur de philosophie, partent en quête de professeur d'énergie — Napoléon.

Or l'échange qui s'instaure aussitôt après *Cyrano* entre Rostand et les élèves du collège Stanislas, ressortit directement à cette relation — un rôle est dicté à Rostand qu'il assure de bonne grâce : à la demande du collège, la Porte-Saint-Martin donne une représentation spéciale. Rostand, l'ancien élève, répond au poème qu'on lui lit par de sonores impératifs :

Ne connaissez jamais la peur d'être risibles,
On peut faire sonner le talon des aïeux
Même sur des trottoirs modernes et paisibles,
Et les éperons invisibles
Sont ceux qui tintent le mieux!

Cyrano professeur d'énergie? Ma foi, oui. Mais d'une espèce particulière : remarquez cette répulsion envers l'ironie, et surtout ces « éperons invisibles » : *Cyrano* donne le mot d'un jeu, un de ces jeux à secret et à franc-maçonnerie enfantine (« Soyez des petits Cyrano! » leur dit encore Rostand). Et, commandée par une situation de l'écrivain en ce temps-là, cette fièvre ludique commande aussi la fortune de l'œuvre et son interprétation.

Riquet à la houppe

Cyrano est un personnage de conte, et ainsi il parle directement à la mémoire.

Bien souvent la pièce rejoint la féerie, tellement en

faveur à la fin du siècle que *Les Deux Pierrots* de Rostand furent refusés par la Comédie-Française parce qu'il y avait trop de Pierrots et de lune. Pas de Pierrot dans *Cyrano*, encore que ces Gascons à fraise, turbulents et facétieux, qui gambadent et font la roue, rappellent les Pierrots de Laforgue et les petits peuples des contes. Du moins y a-t-il la Lune. La voici d'ailleurs paraître, dans un tableau de féerie :

> *(Un coin du vieux Paris pittoresque et lunaire paraît.)*

> Ah !... Paris fuit, nocturne et quasi nébuleux ;
> Le clair de lune coule aux pentes des toits bleus ;
> Un cadre se prépare, exquis, pour cette scène ;
> Là-bas, sous des vapeurs en écharpe, la Seine,
> Comme un mystérieux et magique miroir,
> Tremble... Et vous allez voir ce que vous allez voir !

Ce *miroir magique* nimbe ici le pauvre nez d'un reflet en gloire. Ailleurs Roxane elle-même compare son carrosse à celui de Cendrillon, carrosse de Cocagne, d'où sortent à profusion coussins bourrés d'ortolans, fouet en saucisson d'Arles.

Des souvenirs de contes tendent ici et là des attitudes et des épithètes : Le Bret — qui-grogne (et Cyrano — qui-rit) ; la Gascogne est la « Mère Gigogne » des pullulants Cadets, qui s'empressent autour de Roxane (la petite mère protectrice) à la façon des Nains autour de Blanche-Neige. « Bonne fée », lui dit Cyrano.

Des contes vient surtout la donnée initiale, où l'on reconnaît, autrement distribués, les éléments de *Riquet à la houppe* ou de *La Belle et la Bête*. Riquet, monstre spirituel, aimera une beauté radieuse (« Alors moi, j'aime qui ?... Mais cela va de soi ! / J'aime — mais c'est forcé ! — la plus belle qui soit ! »). Beauté parfaitement bête, dont la sœur est un vrai singe, mais un démon d'esprit. Victoire de l'esprit : la cour délaisse la belle princesse, et s'empresse autour du laideron. Victoire de la beauté : Riquet, parti à la recherche d'une splendeur

si rare, la rencontre errant tristement dans un parc.
— Pourquoi si triste? demande-t-il. — Hélas! Je suis
aussi bête que vous êtes laid. — « Mais non, tu ne l'es
pas puisque tu t'en rends compte! » dit Cyrano (et
Riquet : « Il n'y a rien, Madame, qui marque davantage qu'on a de l'esprit que de croire n'en pas
avoir »). Or Riquet a le don de rendre la plus spirituelle du monde celle qui l'aimera. La princesse pro-
met mariage au bout de l'an, et la voilà métamorpho-
sée, entourée, fêtée — et sa sœur délaissée (et on n'en
parle plus). Le temps des noces arrive, un petit
peuple de rôtisseurs surgit de terre et en apprête le
festin. La princesse se résigne mal — mais Riquet lui
apprend qu'elle a le don de rendre beau qui elle
voudra aimer.

On voit que *Cyrano* frôle avec insistance le conte,
mais perturbe la distribution des rôles. Le héros est
laid, et c'est un enchanteur en vers et en prose.
Christian est beau, mais bête, comme le dit crûment
de Guiche. A son « frère », Cyrano donnera, non de
l'esprit, mais son esprit. Roxane est belle et intelligente. Il est pourtant réservé à Cyrano de l'ouvrir à
la véritable intelligence du cœur. On connaît l'interprétation gaillarde du conte de Perrault (comment
l'esprit vient aux filles...). Rien de semblable ici,
grâce à l'élan naturel vers l'amour qui conduit la trop
spirituelle Roxane à aimer « vraiment » — et à rester
vierge. Aimer vraiment la conduit à proférer le mot
magique : « (...) je l'aimerais (...) Même laid » — mais
c'est à Christian qu'elle le dit. Alors Christian
s'efface, Cyrano entrevoit le bonheur. Christian se
fait tuer, « c'est fini »; comme à la dernière scène de
On ne badine pas avec l'amour, Cyrano se sacrifie et
se tait.

Mais il y a un cinquième acte, l'acte de l'aveu à
l'article de la mort. Et Roxane aussitôt :

Je vous aime, vivez!

CYRANO

                    Non! car c'est dans le conte
Que lorsqu'on dit : Je t'aime! au prince plein de honte,

Il sent sa laideur fondre à ces mots de soleil...
Mais tu t'apercevrais que je reste pareil.

L'argument à vrai dire était prévu par Perrault, qui développe la moralité de *Riquet à la houppe* dans le goût de la tirade d'Éliante dans *Le Misanthrope* :

Tout est beau dans ce qu'on aime,
Tout ce qu'on aime a de l'esprit.

Mais Perrault se permet une liberté que ne prend pas Rostand : c'est lui qui sort de la logique du conte, et donne une interprétation psychologique à son histoire. Cyrano dit seulement que le charme n'opère pas.

Le sacrifice

C'est un autre charme qui opère tout au long de la pièce, et spécialement à la fin : la vertu du sacrifice. L'intrigue évite, ou surmonte, le conte parce qu'il est plus merveilleux encore de parfaire le sacrifice : « Je n'aimais qu'un seul être et je le perds deux fois. » Précisément, ce pacte du sang et des larmes qui scelle la solitude de la vierge unit ultimement Christian et son « frère ». Pouvait-on imaginer Cyrano devenu, au bout de quatorze ans, un vieux mari qui ne serait guère drôle? Et le panache alors?

Quoi qu'on ait fermenté sur ce fameux panache, il signifie l'intégrité du personnage, c'est-à-dire l'ensemble de tout ce dont Cyrano s'est privé, tout ce qu'il a sacrifié pour rester intact. C'est l'auréole du héros, le signe de son apothéose.

Le conte culmine en un épisode à couleur d'hagiographie, dans cette mort parmi des saintes filles, parmi des anges, dans ce couvent où Rostand n'a voulu évoquer peut-être qu'un dernier trait du XVIIe siècle, et fort bien vu, la spiritualité française. Certainement, ce n'est pas un saint, il persiste à être un héros, et meurt adossé à un arbre comme Roland et Bayard. Mais enfin il est humiliant de mourir d'un coup de madrier, tué comme Achille au talon, ou Pyrrhus assommé par la tuile qu'une vieille femme

lui a lancée. Bien entendu, ayant tout sacrifié —
« même sa mort » —, il atteint, comme les héros des
mythes grecs, sa pleine grandeur.

Car l'efficacité du sacrifice — ou du symbole —
consiste à ce qu'il renverse tous les signes : Cyrano a
tout raté, donc il a réussi tout, le confesse de Guiche
qui a « trop réussi sa vie ». Il vit dans un galetas, il
ira en paradis. Il a eu un cœur pur, il « entrera chez
Dieu ». Il a eu faim et soif de justice... Bref, toutes les
béatitudes y passeraient, sinon qu'il n'était pas très
pacifique, mais il se soucie peu de posséder la terre.

Des structures simples et antiques affleurent, des-
sinant à la pièce un relief plus vigoureux que les
subtiles légendes qui imprègnent par exemple *Pelléas
et Mélisande*. Mais c'est un procédé voisin, un des
plus efficaces du théâtre symboliste pour ouvrir
notre mémoire et réussir justement un symbole. Le
conte est plutôt intériorisé que sublimé. C'est à la
mémoire et à l'amour de Roxane que sont confiées
l'âme de Cyrano et l'image de Christian. Nul autre
« don » que d'avoir de l'âme, et d'en inspirer (vers
1137), nulle autre fée que le renoncement, c'est-à-
dire la poésie même qui préfère le beau au bien.

Le jeu

Mais puisque nous parlions du conte, considérons
un aspect qui détermine la structure de la pièce, et
qui est l'omniprésence du jeu. C'est un thème
fréquent dans l'œuvre de Rostand — celui des *Romanesques* dans leur ensemble, présent dans *L'Aiglon*
où Franz joue aux soldats de plomb. Dans *Cyrano*, il
apparaît sous des formes essentielles et specta-
culaires, la gageure, le théâtre, la poésie.

« Restera... restera pas », hurle le parterre quand
Cyrano enjoint à Montfleury de quitter la scène.
Parie-t-on, à cent contre un, que Cyrano dispersera
les estafiers ? Christian « en » parle — il en réchap-
pera contre tous les pronostics. Cyrano fera la cour
de Christian sans que Roxane s'en aperçoive. Fera-
t-il oublier leur faim aux cadets ? pas une chance ! —
et pourtant, etc.

L'épisode de la ballade relève encore de la gageure. Comme Cyrano prend la peine de l'expliquer (vers 399-400), une ballade est une forme fixe, c'est-à-dire minutée. En composer une et toucher à la deux cent vingt-quatrième syllabe, c'est soumettre la durée *a priori* impondérable du combat au métronome de la poésie. « Il n'y a que le vers, écrit Alain, qui fasse durer un peu la tragédie », voulant dire que « la forme accélérée du temps », le destin, est contenue par la métrique. Eh bien! c'est un jeu pour Cyrano, que de suspendre le temps à ses paroles. Pour arrêter de Guiche un quart d'heure, il énumère six moyens de voyager vers la Lune : infailliblement, le comte le suit « sans s'en douter, *et comptant sur ses doigts* ».

Ce charme quasi arithmétique s'étend sur toute la longueur de la pièce, qui correspond à quinze ans de silence sur un amour tu jusqu'au dernier souffle — exclusivement. Ce prolixe qui se tait jusqu'à la dernière minute, cette lettre qui retrouve son scripteur, « sous la faveur des ombres de la nuit », cette lettre sue par cœur, par ce cœur qui se trahit et s'arrête, tout cela communique un sentiment de maîtrise jubilatoire du temps.

On comprend pourquoi, ainsi que le rappelle Patrick Besnier dans son édition de *Cyrano*, Rostand avait pu « rêver le théâtre de Roussel ». Comme Roussel, sans ironie, sans sérieux, ardemment attentif, Rostand joue. Sa machine à dominer le temps rejoint les machines des *Impressions d'Afrique* en ce que la démonstration en épuise l'emploi. Pure virtuosité, si l'on veut, mais, chez Rostand, d'une triomphale fantaisie, sans le côté shadock de Roussel.

Le meneur de jeu en a compris l'essence : le jeu est possession du temps (le sérieux est la soumission au temps), le théâtre n'est pas autre chose. Les classiques l'avaient si bien compris qu'ils avaient peur d'en abuser, et sont restés dans l'orbite de la littérature. Rostand a quitté cette zone d'attraction, et entraîné dans l'univers ludique ce théâtre qui sert de décor à son premier acte, ou le palais de Dame

Tartine du second. Les trois derniers offrent des jeux d'amour, de guerre et de mort qui sont différents : ils rappellent l'emportement hors de soi de certaines minutes enfantines, quand un pur sentiment de soi-même a effacé le sens du réel, et qu'on s'exalte et s'apitoie jusqu'aux larmes : on meurt à la guerre en proférant des formules héroïques, levant une dernière fois _les drapeaux du passé, si beaux dans les histoires_ ; on meurt entouré de ceux qui ne savaient pas quel vous étiez, qui ne faisaient pas attention à vous — cette petite fille trop maternelle —, et leurs yeux se dessillent, ils vous admirent, atterrés, et vous supplient de vivre encore. Mais non, il est trop tard, adieu, je vous pardonne, souvenez-vous... Non vraiment ! quelles fêtes inoubliables _Cyrano_ ose ressusciter !

Bien sûr que son héroïsme est impossible, puisqu'il est imaginaire et puisqu'il est faux comme l'imagination. On peut bouder _Peau d'Âne_.

Mais voilà pourquoi un jeu de réminiscence et de participation peine à trouver sa place dans la tradition littéraire française, qui retient les œuvres d'instauration.

Cyrano et Lagardère : le mélodrame

Toutefois, participation du lecteur ou du spectateur ne veut pas dire identification. Hérold, dans l'article cité du _Mercure de France_, demandait : pourquoi Cyrano et non pas Lagardère ? Mais, c'est évident, parce que la pièce de Rostand est à rebours du _Bossu_. Les ressorts narratifs du roman de Paul Féval sont mélodramatiques. Quoi qu'on pense du mélodrame, il faut convenir que _Cyrano_ n'en est pas un, et c'est par une grossière inexactitude qu'on l'en accuse. Ce genre [1] repose sur une triade de fonctions (un persécuteur, une victime, un sauveur) et sur une convention narrative : la victime est persécutée tout le temps, mais le traître est puni à la fin.

---

1. Voir la thèse, ou le « Que sais-je ? » plus accessible, de Jean-Marie Thomasseau, _Le Mélodrame_.

On voit bien que de Guiche, comme le Gonzague du *Bossu* ou le Vallombreuse du *Capitaine Fracasse*, pourrait jouer le rôle du persécuteur infatigable. Mais ce rôle tourne à vide, puisqu'il fournit au héros la matière de ses exploits : « Souffrez que je vous sois, Monsieur, reconnaissant » (vers 1908), lui dit Cyrano. De Guiche est tout le temps bafoué, et par conséquent le rôle de la victime est absent, ou plutôt il est ailleurs. C'est Cyrano, le sauveur, qui est aussi l'infatigable persécuteur de lui-même (voyez, à la scène 5 de l'acte I, les vers 493-535) et sa propre victime. Cyrano triomphe tout le temps non seulement des autres personnages, c'est-à-dire dans l'ordre du drame (« admirable, en tout, pour tout »), mais aussi de lui-même par le sacrifice — sauf dans la dernière scène où, terrassé par la mort, il est pleinement reconnu par Roxane.

C'est pourquoi on peut ici ou là rencontrer (comme dans le drame romantique d'ailleurs) telle ou telle situation ou rhétorique du mélodrame, mais *a contrario*, et parodiquement.

Car le « traître », l'obsédant persécuteur, c'est évidemment le nez :

> Le voilà donc ce nez qui des traits de son maître
> A détruit l'harmonie ! Il en rougit, le traître !
>
> (Vers 352-353.)

Ces deux vers sont eux-mêmes parodiques, puisqu'ils sont empruntés à *Pyrame et Thisbé*, la tragédie de Théophile de Viau. Pour clore la longue énumération qui célèbre amèrement le pastiche.

Le masque

Car au théâtre, collé sur le visage familier de Coquelin, Le Bargy, Jean Piat et Depardieu, ce nez est un masque

Mais

Monsieur de Bergerac ne l'enlève jamais.

Différence avec la bosse que Lagardère déplie à

volonté. Voici donc un autre élément ludique, tout à fait dans le goût des masques fin de siècle de Jean Lorrain et de Marcel Schwob. Mais on retrouve surtout un élément des contes. Le masque est fée, parce qu'il est vivant. Mauvaise fée, bien sûr, mais puisqu'il est incorporé à Cyrano, il constitue sa personne, au sens latin de *persona*, qui désigna le masque de l'acteur antique, puis le personnage, puis la personnalité. D'un côté il est théâtral miraculeusement, car il est la gloire de l'*accessoire*, l'accessoire incarné dans le malheur d'être chair. Mais aussi toute chair est un masque pour l'âme, et comme le nez de Pinocchio, plus il défigure et plus il la révèle — ici en la contraignant au sublime.

Pourtant, à la différence du masque romantique sculpté sur le visage de Gwynplaine, l'Homme-qui-rit, il n'en fait pas moins rire. Et là est sa première vertu : sa longueur, que rend incommensurable le brio du personnage, mesure la distance que nous devons garder à l'endroit des êtres littéraires, elle rend l'identification instable. Dumas y est arrivé par la démultiplication, dans *Les Trois Mousquetaires*. Lagardère est moins réussi, car il est inerte en dehors de l'aire de jeu, du temps de la lecture. Au contraire ce nez maudit défend contre l'émotion :

> Non, ce serait trop laid,
> Si le long de ce nez une larme coulait !

Mais à peine Cyrano a-t-il ravalé son âme que ce sacrifice même le transfigure, vrai Riquet à la houppe. Et ce nez bienheureux suscite la sublimation, le panache.

C'est en ce sens seulement qu'on peut le croire, si l'on veut, phallique. *A priori* le nez (au milieu de la figure il ne se cache point) est l'opposé du phallus. D'ailleurs il est un des traits du visage, il individualise et personnalise, tandis que l'autre ramène la personnalité à l'indistinction génésique. En revanche il a l'efficacité symbolique des définitions freudiennes, il est justement un symbole, une forme qui dissimule et par là révèle un sens.

Il met une distance infranchissable entre le désir et sa réalisation, et, ce faisant, il trace la direction du désir. L'amoureux insatisfait est le parfait amant. *La Princesse lointaine* est une rêverie sur la distance qui sépare et unit.

L'histoire de Joffroy Rudel, le troubadour amoureux de Mélissinde, comtesse de Tripoli, réunit le triangle du poète, du beau jeune homme loyal, mais trop ardent, et de la femme inconstante qu'un amour plus qu'humain convertit à la conscience de son rôle cosmique. Pièce sensiblement symboliste, qui rappelle *Pelléas et Mélisande* par la consonance des noms et le souvenir de Tristan et Yseut. En revanche, sur la nef du troubadour foisonnent des personnages pittoresques (matelots, marchand immonde, moine, etc.) dont la truculence évoque par instants Claudel ou le goût pour les figures d'aventuriers de Schwob ou Hugues Rebell. C'est encore du Maeterlinck, c'est déjà un peu *Cyrano*.

Mais cette *Princesse lointaine* est mieux qu'un chaînon manquant : elle fait apparaître avec une didactique clarté les situations fondamentales du théâtre de Rostand.

D'abord le triomphe de l'esprit, de l'âme, dirait Maeterlinck, sur la chair. Autrement dit, l'exaltation de l'amour différé, l'arc de triomphe de *La Porte étroite*. Autrement dit, l'exaltation du sacrifice. Martyr de l'amour, après une quête de toute une vie, Joffroy meurt dans une apothéose, entre les bras de la fée du Levant, tandis que le soleil se couche sur la mer.

Mais toutes ces victoires appartiennent à la poésie. C'est elle qui parcourt le trajet impossible, qui établit la distance, et comble l'âme de l'insatisfaction du corps. Chantecler, qui a part à la naissance du jour, Joffroy, dont le voyage retourne sur les pas du soleil, sont des poètes solaires, des Orphées guettés par les forces immondes des ténèbres, mais ils renaîtront avec la lumière. Cyrano est un poète lunaire, qui ne brillera pas de sa propre gloire, de son propre amour, mais du reflet que déposeront sur lui Molière ou Christian. Or la vertu magique de la poésie en est plus apparente encore.

Voilà pourquoi un délire de virtuosité emporte *Cyrano*. La poésie y a une puissance de métamorphose analogue à son emblème la Lune. Ce « magnifique miroir » transforme le choc des épées en ballade, la parade militaire en triolets, l'injure stupide et basse de Valvert en d'éblouissantes variations. Quand les estomacs crient, elle parle au cœur et le joueur de fifre ensorcelle les cadets en les menant sur la route de l'enfance. A son tour, dans une joyeuse utopie, elle se transforme en gâteaux et chapons, pour nourrir les pauvres poètes crottés des recettes en vers du pâtissier-poète.

Car il est donné au poète, et voilà la *moralité* de la pièce, de transformer en or tout ce qu'il touche. Mais comme le roi Midas, qui eut les oreilles aussi longues que son nez, Cyrano ne peut jouir pour lui du don d'Apollon. Seulement, ce qui était sotte prétention dans le mythe grec devient dans le symbole de Rostand grâce et abnégation. Cyrano prodigue les trésors de son esprit et de son cœur, d'autres les recueillent, et il ne garde pour lui que cette auréole et cette palme, le panache qui le désigne aux coups de la fortune, mais qui est l'avers brillant de son destin, dont le revers est la disgrâce du visage. Celle qui transforme le nez en panache, la fée du conte, c'est la poésie, qui toujours (belle allégorie bergsonienne) remonte la pente que la matière descend.

PIERRE CITTI.

Cyrano de Bergerac

C'est à l'âme de CYRANO que je voulais dédier ce poème.

Mais puisqu'elle a passé en vous, COQUELIN, c'est à vous que je le dédie.

E.R.

PERSONNAGES

	MM.
CYRANO DE BERGERAC...............	COQUELIN.
CHRISTIAN DE NEUVILLETTE	VOLNY.
COMTE DE GUICHE....................	DESJARDINS.
RAGUENEAU............................	JEAN COQUELIN.
LE BRET	CASTILLAN.
CARBON DE CASTEL-JALOUX, Capitaine aux Cadets.............	GRAVIER.

Les Cadets ....
- PÉRICAUD.
- DEMEY.
- NOIZEUX.
- TERVAL.
- ARMAND.
- KIRTAL.
- HOSSARD.
- ETC.

LIGNIÈRE.............................	REBEL.
DE VALVERT..........................	NICOLINI.
Un marquis..........................	WALTER.
Deuxième marquis	LAUMONIER.
Troisième marquis	HÉMERY.
MONTFLEURY	PÉRICAUD.
BELLEROSE	DAVRIL.
JODELET.............................	CARTEREAU.
CUIGY	GODEAU.
BRISSAILLE..........................	BORGES.
Un fâcheux	PERSON.
Un mousquetaire	CARLIT.
Un autre	DURAND.
Un officier espagnol................	ALBERT.
Un chevau-léger.....................	DOUBLEAU.
Le portier	JOURDAN.
Un bourgeois........................	LOISEAU.

Son fils...............................	CHABERT.
Un tire-laine.........................	BOURGEOIS.
Un spectateur	SAMSON.
Un garde..............................	DANNEQUIN.
Bertrandou le fifre	G. MONPEURT.
Le capucin............................	RAVART.

Deux musiciens......................	GASTON HENRY. DAMON.
Les poètes	WILLIAM. LEROY. ETC.
Les pâtissiers.......................	MALLET. BERCHA. ETC.

MMES

ROXANE................................	MARIA LEGAULT.
SŒUR MARTHE	ESQUILAR.
LISE	BLANCHE MIROIR.
La distributrice des douces liqueurs	KERWICH.
MÈRE MARGUERITE DE JÉSUS	BOUCHETAL.
La duègne	BOURGEOIS.
SŒUR CLAIRE..........................	PANNETIER.
Une comédienne......................	LUCIENNE.
La soubrette..........................	VARENNES.
Les pages	MARTHE MARTY. LOISIER. BERTHA. ETC.
La bouquetière.......................	***

La foule, bourgeois, marquis, mousquetaires, tire-laine, pâtissiers, poètes, cadets gascons, comédiens, violons, pages, enfants, soldats espagnols, spectateurs, spectatrices, précieuses, comédiennes, bourgeoises, religieuses, etc.

(Les quatre premiers actes en 1640, le cinquième en 1655.)

UNE REPRÉSENTATION
À L'HÔTEL DE BOURGOGNE [1]

1. *L'Hôtel de Bourgogne* : à l'angle de la rue Française et de la rue Mauconseil, à deux pas de la rue Montorgueil, le plus ancien théâtre de Paris fut construit en 1548 par les Confrères de la Passion, qui y jouaient mystères sacrés, soties, moralités et farces. Ils le louèrent en 1599 à une troupe itinérante, celle du grand acteur Valleran-Leconte ; elle s'y fixa et le prit définitivement à bail en 1629. Quoique, à la différence du Marais, l'autre théâtre parisien, l'Hôtel de Bourgogne n'ait jamais été un jeu de paume, c'est bien cette sorte de court de tennis couvert que les comédiens trouvaient en toute ville qui a sécrété l'architecture des théâtres français au XVIIᵉ siècle, comme la cour d'auberge espagnole les *corrales* du Siècle d'or, et l'arène de combats d'ours les théâtres élisabéthains.

La description de Rostand est assez vraisemblable, si on la compare par exemple à celle de Jacques Morel dans l'*Histoire des spectacles* de la Pléiade. En règle générale, il n'y avait pas de rideau de scène, et certains détails datent d'une restauration de 1647 — comme le buffet.

Les curieux pourront se reporter encore à l'*Histoire de la mise en scène dans le théâtre français à Paris de 1600 à 1673* (Paris, 1961) de S.W. Deierkauf-Holsboer, à G. Mongrédien (*Dictionnaire biographique des comédiens français du XVIIᵉ siècle*, Paris, 1972), et à Jacques Scherer (*La Dramaturgie classique en France*, Paris, 1950).

Edmond Rostand a lu *Le Théâtre français* de Samuel Chappuzeau, réédité en 1875. Sans qu'on en ait la certitude, car d'un ouvrage à l'autre les mêmes détails se répètent, il a pu lire les Frères Parfait, *Histoire du théâtre français* (1755) ; Fournier, *Le Théâtre français au XVIᵉ et au XVIIᵉ siècles* (s.d. — 1863 ?) ; E. Despois, *Le Théâtre français sous Louis XIV* (1874) ; Rigal, *L'Hôtel de Bourgogne et le Marais* (1887) ; L. Celler, *Les Décors, les costumes et la mise en scène au XVIIᵉ siècle* (1869) ; A. Pougin, *Dictionnaire historique et pittoresque du théâtre français* (1885). On voit que la documentation ne manquait pas.

La salle de l'Hôtel de Bourgogne, en 1640. Sorte de hangar de jeu de paume aménagé et embelli pour des représentations.

La salle est un carré long; on la voit en biais, de sorte qu'un de ses côtés forme le fond qui part du premier plan, à droite, et va au dernier plan, à gauche, faire angle avec la scène qu'on aperçoit en pan coupé.

Cette scène est encombrée, des deux côtés, le long des coulisses, par des banquettes. Le rideau est formé par deux tapisseries qui peuvent s'écarter. Au-dessus du manteau d'Arlequin, les armes royales. On descend de l'estrade dans la salle par de larges marches. De chaque côté de ces marches, la place des violons. Rampe de chandelles.

Deux rangs superposés de galeries latérales : le rang supérieur est divisé en loges. Pas de sièges au parterre, qui est la scène même du théâtre; au fond de ce parterre, c'est-à-dire à droite, premier plan, quelques bancs formant gradins et, sous un escalier qui monte vers des places supérieures et dont on ne voit que le départ, une sorte de buffet orné de petits lustres, de vases fleuris, de verres de cristal, d'assiettes de gâteaux, de flacons, etc.

Au fond, au milieu, sous la galerie de loges, l'entrée du théâtre. Grande porte qui s'entrebâille pour laisser passer les spectateurs. Sur les battants de cette porte, ainsi que dans plusieurs coins et au-dessus du buffet, des affiches rouges sur lesquelles on lit : *La Clorise*.

Au lever du rideau, la salle est dans une demi-obscurité, vide encore. Les lustres sont baissés au milieu du parterre, attendant d'être allumés.

Scène première

LE PUBLIC, *qui arrive peu à peu.* CAVALIERS,
BOURGEOIS, LAQUAIS, PAGES, TIRE-LAINE, LE PORTIER,
etc., puis LES MARQUIS, CUIGY, BRISSAILLE, LA
DISTRIBUTRICE, LES VIOLONS, *etc.*

*On entend derrière la porte un tumulte de voix, puis un cavalier
entre brusquement.*

LE PORTIER, *le poursuivant*
Holà! vos quinze sols!

LE CAVALIER
J'entre gratis!

LE PORTIER
Pourquoi?

LE CAVALIER
Je suis chevau-léger de la maison du Roi!

LE PORTIER, *à un autre cavalier qui vient d'entrer*
Vous?

DEUXIÈME CAVALIER
Je ne paye pas!

LE PORTIER
Mais...

DEUXIÈME CAVALIER
Je suis mousquetaire [1].

PREMIER CAVALIER, *au deuxième*
On ne commence qu'à deux heures. Le parterre
5 Est vide. Exerçons-nous au fleuret.
Ils font des armes avec des fleurets qu'ils ont apportés.

---

1. Le prix des places est vraisemblable. Cyrano, dans *Le Pédant
joué*, acte V, scène 5, a lui-même énuméré les ruses des soldats,
bourgeois et pages pour entrer sans payer. Scène analogue au
chapitre IX du *Capitaine Fracasse* de Gautier.

Batailles, mangeailles, etc., sont attestées par la plupart des
auteurs. On y buvait ferme — quoique le bourgogne fût déjà un
vin de luxe (G. Mongrédien, *La Vie quotidienne sous Louis XIV*,
p. 93).

UN LAQUAIS, *entrant*

Pst... Flanquin...

UN AUTRE, *déjà arrivé*
Champagne?...

LE PREMIER, *lui montrant des jeux qu'il sort de son pourpoint*
Cartes. Dés.
Il s'assied par terre.

Jouons.

LE DEUXIÈME, *même jeu*

Oui, mon coquin.

PREMIER LAQUAIS, *tirant de sa poche un bout de chandelle*
qu'il allume et colle par terre
J'ai soustrait à mon maître un peu de luminaire.

UN GARDE, *à une bouquetière qui s'avance*
C'est gentil de venir avant que l'on n'éclaire!...
Il lui prend la taille.

UN DES BRETTEURS, *recevant un coup de fleuret*
Touche!

UN DES JOUEURS
Trèfle!

LE GARDE, *poursuivant la fille*
Un baiser!

LA BOUQUETIÈRE, *se dégageant*
On voit!...

LE GARDE, *l'entraînant dans les coins sombres*
Pas de danger!

UN HOMME, *s'asseyant par terre avec d'autres porteurs de provi-*
sions de bouche
10 Lorsqu'on vient en avance, on est bien pour manger.

UN BOURGEOIS, *conduisant son fils*
Plaçons-nous là, mon fils.

UN JOUEUR

Brelan d'as!

UN HOMME, *tirant une bouteille de sous son manteau et s'asseyant aussi*

Un ivrogne

Doit boire son bourgogne...

Il boit.

à l'hôtel de Bourgogne !

LE BOURGEOIS, *à son fils*
Ne se croirait-on pas en quelque mauvais lieu ?

Il montre l'ivrogne du bout de sa canne.

Buveurs...

En rompant, un des cavaliers le bouscule.

Bretteurs !

Il tombe au milieu des joueurs.

Joueurs !

LE GARDE, *derrière lui, lutinant toujours la femme*
Un baiser !

LE BOURGEOIS, *éloignant vivement son fils*
Jour de Dieu !

15 — Et penser que c'est dans une salle pareille
Qu'on joua du Rotrou, mon fils !

LE JEUNE HOMME

Et du Corneille [1] !

UNE BANDE DE PAGES, *se tenant par la main, entre en farandole et chante*
Tra la la la la la la la la la la lère...

LE PORTIER, *sévèrement aux pages*
Les pages, pas de farce !...

1. Rotrou (1609-1650), l'auteur du *Véritable Saint Genest*, de *Venceslas*, etc., fut le poète attitré des comédiens du Roi de l'Hôtel de Bourgogne. En revanche, Corneille, son compatriote normand, inaugura la scène rivale du Marais en 1629 et ne vint à l'Hôtel de Bourgogne qu'avec *Nicomède* en 1650. *Le Cid* (1636) fut donné au Marais (vers 26).

PREMIER PAGE, *avec une dignité blessée*

Oh! Monsieur! ce soupçon!...

Vivement au deuxième, dès que le portier a tourné le dos.

As-tu de la ficelle?

LE DEUXIÈME

Avec un hameçon.

PREMIER PAGE

On pourra de là-haut pêcher quelque perruque.

UN TIRE-LAINE, *groupant autour de lui plusieurs hommes de mauvaise mine*

20 Or çà, jeunes escrocs, venez qu'on vous éduque :
Puis donc que vous volez pour la première fois...

DEUXIÈME PAGE, *criant à d'autres pages déjà placés aux galeries supérieures*

Hep! Avez-vous des sarbacanes?

TROISIÈME PAGE, *d'en haut*

Et des pois!

Il souffle et les crible de pois.

LE JEUNE HOMME, *à son père*

Que va-t-on nous jouer?

LE BOURGEOIS

Clorise [1].

LE JEUNE HOMME

De qui est-ce?

LE BOURGEOIS

De monsieur Balthazar Baro. C'est une pièce!...

Il remonte au bras de son fils.

LE TIRE-LAINE, *à ses acolytes*

25 ... La dentelle surtout des canons [2], coupez-la!

---

1. *La Clorise*, donnée en 1630 selon Antoine Adam (*Histoire de la littérature française au* XVIIᵉ *siècle*, tome I, p. 438), est une pastorale. (Le mot « pièce » — caractéristique du vocabulaire dramatique de la fin du siècle dernier — était déjà usuel au XVIIᵉ siècle.) Baro (vers 1590-1650) continua *L'Astrée* à la mort d'Honoré d'Urfé (1625), sur lequel Rostand avait écrit un essai. 2. Canons : « cylindres de toile garnis de dentelles, attachés au-dessous du genou » (Littré).

UN SPECTATEUR, *à un autre, lui montrant une encoignure élevée*
  Tenez, à la première du *Cid*, j'étais là !

LE TIRE-LAINE, *faisant avec ses doigts le geste de subtiliser*
  Les montres...

LE BOURGEOIS, *redescendant, à son fils*
            Vous verrez des acteurs très illustres...

LE TIRE-LAINE, *faisant le geste de tirer par petites secousses furtives*
  Les mouchoirs...

LE BOURGEOIS
            Montfleury...

QUELQU'UN, *criant de la galerie supérieure*
                  Allumez donc les lustres !

LE BOURGEOIS
  ... Bellerose, l'Épy, la Beaupré, Jodelet [1] !

UN PAGE, *au parterre*
30 Ah ! voici la distributrice !...

LA DISTRIBUTRICE, *paraissant derrière le buffet*
                  Oranges, lait,
  Eau de framboise, aigre de cèdre [2]...
  Brouhaha à la porte.

UNE VOIX DE FAUSSET
                        Place, brutes !

UN LAQUAIS, *s'étonnant*
  Les marquis !... au parterre ?...

UN AUTRE LAQUAIS
                  Oh ! pour quelques minutes.
  Entre une bande de petits marquis.

---

1. Bellerose, tragédien de haute réputation, était directeur de la troupe. L'Épy et Jodelet, deux frères, firent leur carrière au Marais puis chez Molière, ainsi que La Beaupré. Mais tous passèrent à l'Hôtel de Bourgogne à un moment ou un autre. Sur Montfleury, voir note du vers 92. **2.** « L'aigre de cèdre » est du jus de cédrat, sorte de citron. Rostand a puisé tous ces détails dans Samuel Chappuzeau, *Le Théâtre français*, 1674, réédité par le comédien érudit Montval en 1875, qui énumère toutes ces boissons, dont le rivesaltes (vers 71).

UN MARQUIS, *voyant la salle à moitié vide*

Hé quoi ! Nous arrivons ainsi que les drapiers,
Sans déranger les gens ? sans marcher sur les pieds ?
35 Ah ! fi ! fi ! fi !

Il se trouve devant d'autres gentilshommes entrés peu avant.

Cuigy ! Brissaille [1] !
Grandes embrassades.

CUIGY

Des fidèles !...

Mais oui, nous arrivons devant que les chandelles...

LE MARQUIS

Ah ! ne m'en parlez pas ! Je suis dans une humeur...

UN AUTRE

Console-toi, marquis, car voici l'allumeur !

LA SALLE, *saluant l'entrée de l'allumeur*
Ah !...

On se groupe autour des lustres qu'il allume. Quelques personnes ont pris place aux galeries. Lignière entre au parterre, donnant le bras à Christian de Neuvillette. Lignière, un peu débraillé, figure d'ivrogne distingué. Christian, vêtu élégamment, mais d'une façon un peu démodée, paraît préoccupé et regarde les loges.

Scène II
LES MÊMES, CHRISTIAN, LIGNIÈRE,
puis RAGUENEAU *et* LE BRET

CUIGY

Lignière [2] !

BRISSAILLE, *riant*

Pas encor gris !...

1. Cuigy, Brissaille : Rostand a trouvé ces noms dans la préface de Le Bret aux *Etats et Empires de la Lune et du Soleil* : ce sont des amis de Cyrano, « justes estimateurs de ses belles actions, ses glorieux témoins et compagnons en quelques-unes ». 2. Cité aussi par Le Bret, François Payot de Lignières (1616-1704) fut un poète railleur et libertin, qui se fit beaucoup d'ennemis dans la gent littéraire, et devint un ivrogne confirmé — plus tard, semble-t-il (Antoine Adam, tome II, p. 178).

LIGNIÈRE, *bas à Christian*

Je vous présente?

Signe d'assentiment de Christian.

40 Baron de Neuvillette [1].
Saluts.

LA SALLE, *acclamant l'ascension du premier lustre allumé*

Ah!

CUIGY, *à Brissaille, en regardant Christian*

La tête est charmante.

PREMIER MARQUIS, *qui a entendu*

Peuh!...

LIGNIÈRE, *présentant à Christian*

Messieurs de Cuigy, de Brissaille...

CHRISTIAN, *s'inclinant*

Enchanté!...

PREMIER MARQUIS, *au deuxième*

Il est assez joli, mais n'est pas ajusté
Au dernier goût.

LIGNIÈRE, *à Cuigy*

Monsieur débarque de Touraine.

CHRISTIAN

Oui, je suis à Paris depuis vingt jours à peine.
45 J'entre aux gardes demain, dans les Cadets.

PREMIER MARQUIS, *regardant les personnes qui entrent dans les loges*

Voilà
La présidente Aubry!

1. On trouve le nom de Neuvillette dans la préface de Le Bret : la baronne de Neuvillette, cousine de Cyrano, veuve retirée, prit soin de lui et de son âme à la fin de sa vie. Une note de Paul Lacroix (le Bibliophile Jacob) dans l'édition de 1858 renvoyait à un *Recueil des vertus et des écrits de Mme la Baronne de Neuvillette*, qui, à son tour, mentionne le baron Christofe de Neuvillette tué en 1640 à Arras — où Cyrano reçut sa deuxième blessure, après laquelle il quitta l'armée.

LA DISTRIBUTRICE

Oranges, lait...

LES VIOLONS, *s'accordant*

La... la...

CUIGY, *à Christian, lui désignant la salle qui se garnit*
Du monde!

CHRISTIAN

Eh! oui, beaucoup.

PREMIER MARQUIS

Tout le bel air!

Ils nomment les femmes à mesure qu'elles entrent, très parées, dans les loges. Envois de saluts, réponses de sourires.

DEUXIÈME MARQUIS

Mesdames

De Guéméné...

CUIGY

De Bois-Dauphin...

PREMIER MARQUIS

Que nous aimâmes...

BRISSAILLE
De Chavigny [1]...

DEUXIÈME MARQUIS

Qui de nos cœurs va se jouant!

---

1. Ces dames fréquentaient l'Hôtel de Rambouillet. Rostand trouvait ces noms dans le *Dictionnaire des précieuses* de Somaize qu'en 1856 et 1861 l'érudit Charles Livet procura en deux volumes. Dans le second il donnait une « clef historique et anecdotique », où dans l'ordre alphabétique apparaissent la présidente Aubry, puissante par le crédit de son mari, dite Almazie (et la Pucelle Priande selon Antoine Adam); Mme de Bois-Dauphin (Basilide), belle-fille de cette Mme de Sablé, grande dame et grand caractère, dont l'influence a été immense; Mme de Chavigny, nièce de Rancé, inspira, dit Somaize, la coquette Hespérie de la comédie de Desmarets de Saint-Sorlin, *Les Visionnaires* :
      « En sortant du logis je ne puis faire un pas
      Que mes yeux aussitôt ne causent un trépas. »
Mme de Guéméné est une Rohan, admirée pour sa science — elle apprenait l'hébreu.

LIGNIÈRE
50 Tiens, monsieur de Corneille est arrivé de Rouen.

LE JEUNE HOMME, *à son père*
    L'Académie est là?

LE BOURGEOIS
                Mais... j'en vois plus d'un membre;
    Voici Boudu, Boissat, et Cureau de la Chambre;
    Porchères, Colomby, Bourzeys, Bourdon, Arbaud ¹...
    Tous ces noms dont pas un ne mourra, que c'est
                                    [beau!

PREMIER MARQUIS
55 Attention! nos précieuses prennent place:
    Barthénoïde, Urimédonte, Cassandace,
    Félixérie ²...

DEUXIÈME MARQUIS, *se pâmant*
            Ah! Dieu! leurs surnoms sont exquis!
    Marquis, tu les sais tous?

PREMIER MARQUIS
                    Je les sais tous, marquis!

LIGNIÈRE, *prenant Christian à part*
    Mon cher, je suis entré pour vous rendre service:
60 La dame ne vient pas. Je retourne à mon vice!

CHRISTIAN, *suppliant*
    Non!... Vous qui chansonnez et la ville et la cour,
    Restez: vous me direz pour qui je meurs d'amour.

---

1. Charles Livet édita aussi (Didier, 1858) l'*Histoire de l'Académie française* de Pellisson et d'Olivet. On y trouve les noms de Boissat, Bourzeys, Colomby, Cureau de la Chambre, Porchères d'Arbaud (qui ne fait qu'un). Pas de Bourdon (erreur pour Bourbon, authentique académicien?). Non plus de Boudu. **2.** Au tome premier de l'édition de Somaize par Livet, on trouve les noms et les clefs de ces précieuses: Barthénoïde, « une des plus fameuses et des plus spirituelles de leur empire », déguise la marquise de Boudreno; Urimédonte (Mlle Vaugeron), « dans l'entre-chien-et-loup de la jeunesse », pouvait en conversant écrire une lettre en une autre langue; Cassandace était Mme de Chalais, la veuve du conspirateur décapité, et Félixérie, « insensible à l'amour », Mlle Ferrand.

LE CHEF DES VIOLONS, *frappant sur son pupitre, avec son archet*

Messieurs les violons!...
Il lève son archet.

LA DISTRIBUTRICE

Macarons, citronnée [1]...
Les violons commencent à jouer.

CHRISTIAN

J'ai peur qu'elle ne soit coquette et raffinée,
65 Je n'ose lui parler car je n'ai pas d'esprit...
Le langage aujourd'hui qu'on parle et qu'on écrit [2],
Me trouble. Je ne suis qu'un bon soldat timide.
— Elle est toujours à droite, au fond : la loge vide.

LIGNIÈRE, *faisant mine de sortir*

Je pars.

CHRISTIAN, *le retenant encore*

Oh! non, restez!

LIGNIÈRE

Je ne peux. D'Assoucy [3]
70 M'attend au cabaret. On meurt de soif, ici.

1. Citronnée : tisane parfumée au jus de citron. 2. La langue a évolué très vite en une génération, de Malherbe à Pascal. Mais Rostand pense plutôt aux jargons des précieux. C'est un peu un anachronisme — la préciosité proprement dite, comme Antoine Adam l'a montré, datant des années 1650, et il ne faut pas la confondre avec le raffinement de l'Hôtel de Rambouillet. Il n'est pas interdit non plus d'y voir une allusion aux obscurités symbolistes. 3. Dans les *Œuvres* de Cyrano éditées par Paul Lacroix, il est souvent question de d'Assoucy (1605-1677). Musicien, poète burlesque, aux mœurs déviées et à l'esprit extravagant, auteur du *Jugement de Pâris* et de l'*Ovide en belle humeur*, il fut l'ami de Scarron, de Tristan l'Hermite et surtout de Cyrano, avec lequel il se brouilla mortellement vers 1650 : Cyrano lui écrit une lettre rugissante (« Eh! par la mort, Monsieur le Coquin, je trouve que vous êtes bien impudent de demeurer en vie, après m'avoir offensé! Vous qui ne tenez lieu de rien au monde, ou qui n'êtes au plus qu'un clou aux fesses de la Nature; vous qui tomberez si bas, si je cesse de vous soutenir, qu'une puce, en léchant la terre, ne vous distinguera pas du pavé; vous enfin, si sale et si puant qu'on doute en vous voyant si votre mère n'a point accouché de vous par le derrière! » etc.). Voir les *Œuvres* de Cyrano, édition P. Lacroix, tome II, 1858, p. 124. La vie de d'Assoucy est un roman d'aventures. Voir A. Adam, tome II, pp. 118-119. Or, dans la même collection et la même année que les *Œuvres diverses* de Cyrano, le

LA DISTRIBUTRICE, *passant devant lui avec un plateau*
 Orangeade?

LIGNIÈRE
 Fi!

LA DISTRIBUTRICE
 Lait?

LIGNIÈRE
 Pouah!

LA DISTRIBUTRICE
 Rivesalte?

LIGNIÈRE
 Halte!

 A Christian.
Je reste encor un peu. — Voyons ce rivesalte?
 Il s'assied près du buffet. La distributrice lui verse du rivesalte.

CRIS, *dans le public à l'entrée d'un petit homme grassouillet et réjoui*
 Ah! Ragueneau!...

LIGNIÈRE, *à Christian*
 Le grand rôtisseur Ragueneau [1].

RAGUENEAU, *costume de pâtissier endimanché, s'avançant vivement vers Lignière*
 Monsieur, avez-vous vu monsieur de Cyrano?

LIGNIÈRE, *présentant Ragueneau à Christian*
75 Le pâtissier des comédiens et des poètes!

librairie Adolphe Delahays publiait les *Œuvres comiques et burlesques* de d'Assoucy, éditées par Émile Colombey, après les *Avantures* de d'Assoucy, qui voisinent au catalogue de Delahays avec les *Histoires comiques des Estats et Empires de la Lune et du Soleil*, de Cyrano. 1. Dans les *Avantures* de d'Assoucy, on trouve un portrait extrêmement vivant et drôle du pâtissier-poète Ragueneau (pp. 296-299) qui a pu inspirer à Rostand presque tous les traits du personnage. « C'était le meilleur homme du monde. Il faisait crédit à tout le Parnasse, et quand on n'avait point d'argent, il était trop payé, trop satisfait et trop content quand seulement d'un petit coup d'œil on daignait applaudir à ses ouvrages. »

RAGUENEAU, *se confondant*
　　Trop d'honneur...

LIGNIÈRE
　　　　　　　　Taisez-vous, Mécène que vous êtes !

RAGUENEAU
　　Oui, ces messieurs chez moi se servent...

LIGNIÈRE
　　　　　　　　　　　　　　A crédit.
　　Poète de talent lui-même...

RAGUENEAU
　　　　　　　　　　Ils me l'ont dit.

LIGNIÈRE
　　Fou de vers !

RAGUENEAU
　　　　　　　Il est vrai que pour une odelette...

LIGNIÈRE
80 Vous donnez une tarte...

RAGUENEAU
　　　　　　　　　　Oh ! une tartelette !

LIGNIÈRE
　　Brave homme, il s'en excuse !... Et pour un triolet [1]
　　Ne donnâtes-vous pas ?

RAGUENEAU
　　　　　　　　　Des petits pains !

LIGNIÈRE, *sévèrement*
　　　　　　　　　　　　　Au lait.
　　— Et le théâtre ! vous l'aimez ?

RAGUENEAU
　　　　　　　　　　Je l'idolâtre.

---

1. Le triolet, fort à la mode sous la Fronde (Furetière, *Le Roman bourgeois*, Pléiade, p. 979), se compose de huit vers, dont le premier se répète au quatrième et au septième, et le second au huitième.

LIGNIÈRE
Vous payez en gâteaux vos billets de théâtre!
85 Votre place, aujourd'hui, là, voyons, entre nous,
Vous a coûté combien?

RAGUENEAU

Quatre flans. Quinze choux.

Il regarde de tous côtés.

Monsieur de Cyrano n'est pas là? Je m'étonne.

LIGNIÈRE
Pourquoi?

RAGUENEAU
Montfleury joue!

LIGNIÈRE

En effet, cette tonne
Va nous jouer ce soir le rôle de Phédon.
90 Qu'importe à Cyrano?

RAGUENEAU

Mais vous ignorez donc?
Il fit à Montfleury, messieurs, qu'il prit en haine,
Défense, pour un mois, de reparaître en scène [1].

LIGNIÈRE, *qui en est à son quatrième petit verre*
Eh bien?

RAGUENEAU
Montfleury joue!

---

1. Le comédien Montfleury, fils du comédien Fleury Jacob, re-
joignit l'Hôtel de Bourgogne vers 1638. Molière aussi s'est moqué
de son obésité dans *L'Impromptu de Versailles*. Cyrano a écrit
contre lui une lettre satirique (éd. P. Lacroix, pp. 140-144). L'anecdote, vraie ou fausse, se trouve dans les *Menagiana* : Cyrano « lui
avait défendu de sa pleine autorité de monter sur le théâtre. — Je
t'interdis, lui dit-il, pour un mois. A deux jours de là, Bergerac se
trouvant à la Comédie, Montfleury parut et vint faire son rôle à
son ordinaire. Bergerac, du milieu du parterre, lui cria de se
retirer en le menaçant; et il fallut que Montfleury, crainte de pis,
se retirât » (3e édition des *Menagiana*, celle de 1715, la première ne
soufflant mot de l'affaire, la seconde l'attribuant à Mondory).

CUIGY, *qui s'est rapproché de son groupe*
                                    Il n'y peut rien.

RAGUENEAU

                                                Oh! oh!

   Moi, je suis venu voir!

PREMIER MARQUIS

                          Quel est ce Cyrano?

CUIGY
95 C'est un garçon versé dans les colichemardes [1].

DEUXIÈME MARQUIS
   Noble?

CUIGY

              Suffisamment. Il est cadet aux gardes.
   *Montrant un gentilhomme qui va et vient dans la salle comme
   s'il cherchait quelqu'un.*

Mais son ami Le Bret peut vous dire...
   Il appelle.

                                          Le Bret [2]!

   Le Bret descend vers eux.

Vous cherchez Bergerac?

LE BRET

                            Oui, je suis inquiet!...

CUIGY

N'est-ce pas que cet homme est des moins
                                    [ordinaires?

---

1. Colichemarde : épée à la lourde coquille. **2.** Lebret ou Le Bret
est l'éditeur de Cyrano et la principale source de Rostand. Ami
d'enfance de Bergerac, entré aux Cadets comme lui, il fit les
mêmes campagnes et abandonna l'armée vers le même temps.
Avocat au Parlement de Paris, il reçut la prêtrise en 1656 et se
serait installé, secrétaire de l'évêque, à Montauban, où il mourut
en 1710. On conteste d'ailleurs que le Montalbanais et le Parisien
soient le même homme — mais il n'importe guère ici. Rostand
pouvait consulter l'ouvrage d'un érudit montalbanais, Émile Fo-
restié, *Biographie de Henry Le Bret*, Montauban, 1890.

LE BRET, *avec tendresse*

100 Ah! c'est le plus exquis des êtres sublunaires!

RAGUENEAU

Rimeur!

CUIGY

Bretteur!

BRISSAILLE

Physicien!

LE BRET

Musicien!

LIGNIÈRE

Et quel aspect hétéroclite[1] que le sien!

RAGUENEAU

Certes, je ne crois pas que jamais nous le peigne
Le solennel monsieur Philippe de Champaigne;
105 Mais bizarre, excessif, extravagant, falot,
Il eût fourni, je pense, à feu Jacques Callot[2]
Le plus fol spadassin à mettre entre ses masques:
Feutre à panache triple et pourpoint à six basques,
Cape, que par-derrière, avec pompe, l'estoc
110 Lève, comme une queue insolente de coq,
Plus fier que tous les Artabans[3] dont la Gascogne

---

1. *Hétéroclite* (voir v. 281) est un mot d'époque. Le poète de
Neufgermain était qualifié d'hétéroclite — voir Somaize, *op. cit.*,
tome I, p. 17. *Dictionnaire* de Furetière: « qui ne vit pas comme
les autres hommes, qui est bourru et singulier dans ses mœurs,
ses habits, ses sentiments ». Cyrano emploie le mot dans *Le Pédant joué* (acte V, scène 10). **2.** Philippe de Champaigne est le
célèbre portraitiste de Richelieu (1635). Jacques Callot (1592-
1635) est le graveur des *Bohémiens, Gueux, Gobbi*, monstres et
figures grotesques — et aussi des *Misères de la guerre*. Ce portrait
de Cyrano évoque Don César de Bazan, dans *Ruy Blas*. Il s'inspire
non moins des gravures de Callot que des estampes d'Abraham
Bosse et de Huret: leurs capitan Matamore et capitaine Fracasse
portent de formidables fraises, que Gustave Doré a reprises pour
illustrer *Le Capitaine Fracasse* de Gautier. **3.** « Fier comme Arta-
ban » se dit d'après un personnage de *Cléopâtre*, roman de La
Calprenède publié seulement de 1647 à 1658.

Fut et sera toujours l'alme Mère Gigogne [1],
Il promène, en sa fraise à la Pulcinella [2],
Un nez [3]!... Ah! messeigneurs, quel nez que ce
[nez-là!...

1. **Mère Gigogne** : personnage de théâtre enfantin, dit Littré, « entourée d'un grand nombre de petits enfants qui sortent de sous ses
jupons » — cette Mère Gigogne éclaire une idée théâtrale : ces
folâtres et batailleurs cadets, qui rugissent et rient en chœur,
dansent et cabriolent ensemble, forment une sorte de petit peuple,
à mi-chemin entre les Palotins de Jarry et les sept Nains. **2.** Pulcinella (Polichinelle), personnage de la comédie italienne, portait
une fraise et un masque à long nez.

Paul Lacroix *(op. cit.)* raconte le combat héroï-comique de
Cyrano de Bergerac et du singe de Brioché, d'après les *Variétés
littéraires* d'E. Fournier (Paris, 1855), citant le récit, publié en
1704, attribué à d'Assoucy que Rostand a dû lire, comme il se voit
à quelques détails. Donc Brioché tient un théâtre de marionnettes,
et son singe savant (c'est le Fagotin du *Tartuffe*, III, 4) fait la
parade, devant un peuple de laquais : « Brioché l'avait coiffé *d'un
vieux vigogne, dont un plumet cachait les trous* (v. 904-905)...; il lui
avait ceint le col d'une *fraise à la Scaramouche* (v. 113); il lui
faisait porter un *pourpoint à six basques* (v. 108) (...) un baudrier
où pendait une lame sans pointe. »

« Or Cyrano galopait de son pied sur le Pont-Neuf, il s'arrêta
net devant le logis de Brioché » (son nez, a-t-on dit, « large par sa
tige et recourbé, représentait celui de ces babillards jaunes et verts
qu'on rapporte de l'Amérique »)

« A l'aspect de la figure de Bergerac, la troupe (...) éclata de rire
sardoniquement; un de la bande (...), en lui appuyant une chiquenaude au beau milieu de la face, s'écria :

« Est-ce là votre nez de tous les jours? Quel diable de nez?
Prenez donc la peine de reculer, il m'empêche de voir! »

« Notre nasardé, plus brave que dom Quixote de la Manche,
mit flamberge au vent contre vingt ou trente agresseurs à brettes
(...). Il les poussa si vivement qu'il les chassa tous devant lui
comme le mâtin d'un berger fait d'un troupeau (...).

« Le singe, farci d'une ardeur guenonique, lorgnant notre guerrier le fer en main, se présenta pour lui allonger une botte de
quarte. Bergerac, dans l'agitation où il se trouvait, crut que le
singe était un laquais et l'embrocha tout vif. Ô! Quelle désolation
pour Brioché! »

Le costume du singe a donc émigré sur les épaules de Cyrano,
ou sur la tête des Gascons (vers 904-905). S'il ne s'agit pas d'une
erreur d'interprétation — une lecture distraite aurait donné à
penser que ce singe spadassin est une manière de Cyrano? —,
Rostand a pu rêver sur ce costume de fantaisie, et en affubler
comme d'un uniforme sa volée de Gascons. **3.** Voilà donc pointer
ce fameux nez. Le récit du combat avec le singe en fait mention.

115 On ne peut voir passer un pareil nasigère
    Sans s'écrier : « Oh ! non, vraiment, il exagère ! »
    Puis on sourit, on dit : « Il va l'enlever... » Mais
    Monsieur de Bergerac ne l'enlève jamais.

LE BRET, *hochant la tête*
    Il le porte, — et pourfend quiconque le remarque !

RAGUENEAU, *fièrement*
120 Son glaive est la moitié des ciseaux de la Parque [1] !

Ajoutons ces trois phrases des *Menagiana* de 1715 : « son nez qu'il avait tout défiguré, lui a fait tuer plus de dix personnes. Il ne pouvait souffrir qu'on le regardât, et il faisait mettre aussitôt l'épée à la main. »

Théophile Gautier, le premier, a longuement rêvé sur ce nez : « Certains physiologistes prétendent que la longueur du nez est le diagnostic de l'esprit, de la valeur et de toutes les belles qualités, et qu'on ne peut être un grand homme si l'on n'a un grand nez. — Beaucoup de physiologistes femelles tirent aussi de la dimension de cette honnête partie du visage un augure on ne peut plus avantageux. »

On voit déjà par ce début du chapitre VI des *Grotesques* (1844) que Gautier — comme évidemment Rostand — avait remarqué dans les *Estats et Empires de la Lune*, dont les habitants se nourrissent d'odeurs, cet éloge du nez : « Un grand nez (...) est une enseigne qui dit : "Céans loge un homme spirituel, prudent, courtois, affable, généreux et libéral" et (...) un petit est le bouchon des vices opposés. » Aussi dans la Lune châtre-t-on les camus. (Édition Alcover, p. 186. Voir *Cyrano*, vers 293-295.)

Gautier en arrive au portrait de Cyrano qui orne ses œuvres : « ce nez invraisemblable se prélasse dans une figure de trois quarts dont il couvre entièrement le petit côté. Il forme sur le milieu une montagne qui me paraît devoir être la plus haute montagne du monde », etc. Suit la mention des duels innombrables que lui valut ce nez, puis de l'éloge du nez déjà cité. C'est donc Gautier qui a, en rapprochant les *Menagiana* des *Estats de la Lune*, inventé, avec toutes ses conséquences, le nez de Cyrano.

En 1863, dans *Le Capitaine Fracasse*, Gautier le prêtait à Jacquemin Lampourde, spadassin d'honneur : « Quant à la figure, un nez prodigieux qui rappelait celui de Cyrano de Bergerac, prétexte de tant de duels, y occupait la place la plus importante. Mais Lampourde s'en consolait avec l'axiome populaire "jamais grand nez n'a gâté visage". 1. « Ne savez-vous pas que mon épée est faite d'une branche des ciseaux d'Atropos ? » dit le soldat fanfaron Châteaufort dans *Le Pédant joué*, acte IV, scène 2.

PREMIER MARQUIS, *haussant les épaules*
  Il ne viendra pas!

RAGUENEAU

                Si!... Je parie un poulet
  A la Ragueneau!

LE MARQUIS, *riant*

                Soit!

  Rumeurs d'admiration dans la salle. Roxane vient de paraître
  dans sa loge. Elle s'assied sur le devant, sa duègne prend place au
  fond. Christian, occupé à payer la distributrice, ne regarde pas.

DEUXIÈME MARQUIS, *avec des petits cris*

                        Ah! messieurs! mais elle est
  Épouvantablement ravissante!

PREMIER MARQUIS

                        Une pêche
  Qui sourirait avec une fraise!

DEUXIÈME MARQUIS

                        Et si fraîche
125 Qu'on pourrait, l'approchant, prendre un rhume
                                    [de cœur!

CHRISTIAN, *lève la tête, aperçoit Roxane, et saisit vivement*
      Lignière par le bras
  C'est elle!

LIGNIÈRE, *regardant*
            Ah! c'est elle?...

CHRISTIAN

                        Oui. Dites vite. J'ai peur.

LIGNIÈRE, *dégustant son rivesalte à petits coups*
  Magdeleine Robin, dite Roxane [1]. — Fine.
  Précieuse.

CHRISTIAN
            Hélas!

---

1. Roxane, en préciosité, était Mlle Robineau, qui, en dit Somaize
tome II, p. 206, « comme l'on en peut juger par les quarante-cinq
ans dont elle date son âge, n'est pas des moins anciennes précieuses d'Athènes (Paris). Aussi a-t-elle toute la connaissance que
peut apporter une longue expérience, et pourrait enseigner pu-
bliquement tout ce qui concerne les précieuses : elle a beaucoup
d'esprit, et est des bonnes amies de la docte Sapho (Madeleine de

LIGNIÈRE

Libre. Orpheline. Cousine
De Cyrano, — dont on parlait...

A ce moment, un seigneur très élégant, le cordon bleu en sau-
toir, entre dans la loge et, debout, cause un instant avec Roxane.

CHRISTIAN, *tressaillant*

Cet homme?...

LIGNIÈRE, *qui commence à être gris, clignant de l'œil*

Hé! hé!...

130 — Comte de Guiche [1]. Épris d'elle. Mais marié
A la nièce d'Armand de Richelieu. Désire
Faire épouser Roxane à certain triste sire,
Un monsieur de Valvert, vicomte... et complaisant.
Elle n'y souscrit pas, mais de Guiche est puissant :
135 Il peut persécuter une simple bourgeoise.
D'ailleurs j'ai dévoilé sa manœuvre sournoise

Scudéry), qui lui a fait une confidence générale de tous ses ouvrages; elle loge dans Léolie (L'Éolie, le Marais) ».

L'édition Livet du *Dictionnaire des précieuses* renvoie à un
passage du *Grand Cyrus*, où, sous le nom de Doralise, Mlle de
Scudéry en fait le portrait.

Par erreur ou non (au fond, il n'importe guère), Rostand a
identifié cette Mlle Robineau, dite Roxane, avec Madeleine Robineau, baronne de Neuvillette, cousine par les femmes de Cyrano.
1. Antoine de Gramont, comte de Guiche (1604-1678), est une
figure militaire, politique et mondaine de l'époque. Né dans les
Landes, il commença la carrière des armes à seize ans. Un duel
fâcheux avec le maréchal d'Hocquincourt l'oblige à s'engager dans
l'armée de Tilly en Allemagne (1625), puis au service du duc de
Mantoue. Revenu en France, maréchal de camp en 1635, conseiller d'État en 1637, Mestre des Gardes françaises en 1639, maréchal de France en 1641, après le siège d'Arras.

La suite de sa carrière est très brillante. Lieutenant général du
gouvernement de Normandie, gouverneur de Navarre en 1644,
sénéchal de Béarn en 1645, duc et pair en 1648, ministre d'État en
1653, ambassadeur extraordinaire (c'est lui qui ira à Madrid demander la main de Marie-Thérèse pour le roi en 1657).

Tallemant en parle à plusieurs reprises. Il fréquentait l'Hôtel de
Rambouillet, il est l'objet d'anecdotes célèbres.

En 1634, il avait épousé Françoise de Chivré, nièce de Richelieu.

Rostand, comme nous le verrons à l'acte IV, avait lu ses *Mé-*
moires, donnés au public par le duc de Guiche, son fils, en 1716
(réed. en 1826, 1839, 1868).

Dans une chanson qui... Ho! il doit m'en vouloir!
— La fin était méchante... Écoutez...

Il se lève en titubant, le verre haut, prêt à chanter.

CHRISTIAN

                                        Non. Bonsoir.

LIGNIÈRE
Vous allez?

CHRISTIAN

                    Chez monsieur de Valvert [1]!

LIGNIÈRE

                                        Prenez garde :
140 C'est lui qui vous tuera!

Lui désignant du coin de l'œil Roxane.

                              Restez. On vous regarde.

CHRISTIAN
C'est vrai!

Il reste en contemplation. Le groupe de tire-laine, à partir de ce moment, le voyant la tête en l'air et bouche bée, se rapproche de lui.

LIGNIÈRE
        C'est moi qui pars. J'ai soif! Et l'on m'attend
— Dans des tavernes!

Il sort en zigzaguant.

LE BRET, *qui a fait le tour de la salle, revenant vers Ragueneau, d'une voix rassurée*

                        Pas de Cyrano.

RAGUENEAU, *incrédule*

                                        Pourtant...

LE BRET
Ah! je veux espérer qu'il n'a pas vu l'affiche!

LA SALLE
Commencez! Commencez!

---

1. Ce M. de Valvert, son nom porte à l'envoyer au diable.

Scène III

Les Mêmes, *moins* LIGNIÈRE ; DE GUICHE, VALVERT, *puis* MONTFLEURY

UN MARQUIS, *voyant de Guiche, qui descend de la loge de Roxane, traverse le parterre, entouré de seigneurs obséquieux, parmi lesquels le vicomte de Valvert*

> Quelle cour, ce de Guiche !

UN AUTRE
145 Fi !... Encore un Gascon !

LE PREMIER

> Le Gascon souple et froid,
Celui qui réussit !... Saluons-le, crois-moi.
> *Ils vont vers de Guiche.*

DEUXIÈME MARQUIS
Les beaux rubans ! Quelle couleur, comte de
> [Guiche ?
Baise-moi-ma-mignonne ou bien *Ventre-de-biche* ?

DE GUICHE
C'est couleur *Espagnol malade* [1].

PREMIER MARQUIS

> La couleur
150 Ne ment pas, car bientôt, grâce à votre valeur,
L'Espagnol ira mal, dans les Flandres !

DE GUICHE

> Je monte
Sur scène [2]. Venez-vous ?
> *Il se dirige suivi de tous les marquis et gentilshommes vers le théâtre. Il se retourne et appelle.*

> Viens, Valvert !

---

1. On trouvera ces couleurs, avec une fantastique énumération de cinquante nuances à la mode, dans *Les Aventures du Baron de Fœneste* d'Agrippa d'Aubigné. **2.** Les sièges sur la scène — les places les plus chères — sont pour le XIXᵉ siècle une des plus pittoresques bizarreries des théâtres du temps.

CHRISTIAN, *qui les écoute et les observe, tressaille en entendant*
   ce nom

Le vicomte!

Ah! je vais lui jeter à la face mon...

   Il met la main dans sa poche, et y rencontre celle d'un tire-laine
   en train de le dévaliser. Il se retourne.

Hein?

LE TIRE-LAINE
   Ay!

CHRISTIAN, *sans le lâcher*
   Je cherchais un gant!

LE TIRE-LAINE, *avec un sourire piteux*

Vous trouvez une main.

   Changeant de ton, bas et vite.

155 Lâchez-moi. Je vous livre un secret.

CHRISTIAN, *le tenant toujours*

Quel?

LE TIRE-LAINE

Lignière...

Qui vous quitte...

CHRISTIAN, *de même*
   Eh bien?

LE TIRE-LAINE

touche à son heure dernière [1].
Une chanson qu'il fit blessa quelqu'un de grand,
Et cent hommes — j'en suis — ce soir sont postés!...

CHRISTIAN

Cent!

Par qui?

LE TIRE-LAINE
   Discrétion...

---

1. Le tire-laine (voleur d'habits, puis pickpocket) parle comme
dans Corneille (« Mon Polyeucte touche à son heure dernière »).

CHRISTIAN, *haussant les épaules*
                        Oh !

LE TIRE-LAINE, *avec beaucoup de dignité*
                        Professionnelle !

CHRISTIAN
160 Où seront-ils postés ?

LE TIRE-LAINE
                        A la porte de Nesle.
   Sur son chemin. Prévenez-le !

CHRISTIAN, *qui lui lâche enfin le poignet*
                        Mais où le voir ?

LE TIRE-LAINE
   Allez courir tous les cabarets : *le Pressoir*
   D'Or, la Pomme de Pin, la Ceinture qui craque,
   Les Deux Torches, les Trois Entonnoirs [1], — et dans
                                          [chaque,
165 Laissez un petit mot d'écrit l'avertissant.

CHRISTIAN
   Oui, je cours ! Ah ! les gueux ! Contre un seul
                                      [homme, cent !

   Regardant Roxane avec amour.

   La quitter... elle !

   Avec fureur, Valvert.

                        Et lui !... — Mais il faut que je sauve
   Lignière !...
   *Il sort en courant. — De Guiche, le vicomte, les marquis, tous
   les gentilshommes ont disparu derrière le rideau pour prendre
   place sur les banquettes de la scène. Le parterre est complètement rempli. Plus une place vide aux galeries et aux loges.*

LA SALLE
                        Commencez.

---

1. Rostand a peut-être consulté l'*Histoire des hôtelleries* de F. Michel et E. Fournier, Paris, 1851, et ces cabarets sont authentiques,
sauf, peut-être, *La Ceinture qui craque* dont, pas plus que Jacques
Truchet, je n'ai retrouvé la trace.

UN BOURGEOIS, *dont la perruque s'envole au bout d'une ficelle, pêchée par un page de la galerie supérieure*
                    Ma perruque!

CRIS DE JOIE
                              Il est chauve!...
    Bravo, les pages!... Ha! ha! ha!...

LE BOURGEOIS, *furieux, montrant le poing*
                    Petit gredin!

RIRES ET CRIS, *qui commencent très fort et vont décroissant*
170 HA! Ha! ha! ha! ha! ha!
    Silence complet.

LE BRET, *étonné*
                    Ce silence soudain?...
    Un spectateur lui parle bas.
    Ah?...

LE SPECTATEUR
        La chose me vient d'être certifiée.

MURMURES, *qui courent*
    Chut! — Il paraît?... — Non!... — Si! — Dans la
                              [loge grillée. —
        Le Cardinal! — Le Cardinal? — Le Cardinal!

UN PAGE
    Ah! diable, on ne va pas pouvoir se tenir mal!...
    On frappe sur la scène. Tout le monde s'immobilise. Attente.

LA VOIX D'UN MARQUIS, *dans le silence, derrière le rideau*
175 Mouchez cette chandelle!

UN AUTRE MARQUIS, *passant la tête par la fente du rideau*
                    Une chaise!
    Une chaise est passée, de main en main, au-dessus des têtes. Le marquis la prend et disparaît, non sans avoir envoyé quelques baisers aux loges.

UN SPECTATEUR
                              Silence!
    On refrappe les trois coups. Le rideau s'ouvre. Tableau ¹. Les

---

1. En termes de théâtre, on indique par *tableau* le moment où tout se fige sur la scène, pour un temps.

*marquis assis sur les côtés, dans des poses insolentes. Toile de
fond représentant un décor bleuâtre de pastorale [1]. Quatre petits
lustres de cristal éclairent la scène. Les violons jouent doucement.*

LE BRET, *à Rageneau, bas*
Montfleury entre en scène ?

RAGUENEAU, *bas aussi*
                              Oui, c'est lui qui commence.

LE BRET
Cyrano n'est pas là.

RAGUENEAU
                              J'ai perdu mon pari.

LE BRET
Tant mieux ! tant mieux !
*On entend un air de musette, et Montfleury paraît en scène,
énorme, dans un costume de berger de pastorale, un chapeau
garni de roses penché sur l'oreille, et soufflant dans une corne-
muse enrubannée.*

LE PARTERRE, *applaudissant*
                    Bravo, Montfleury ! Montfleury !

MONTFLEURY, *après avoir salué, jouant le rôle de Phédon*
« *Heureux qui loin des cours, dans un lieu solitaire,*
180 *Se prescrit à soi-même un exil volontaire,*
    Et qui, lorsque Zéphire a soufflé sur les bois [2]... »

UNE VOIX, *au milieu du parterre*
Coquin, ne t'ai-je pas interdit pour un mois ?
Stupeur. Tout le monde se retourne. Murmures.

---

1. La pastorale est un genre dont le succès commence sous Henri IV et se poursuit jusque vers 1640. Les pièces fondatrices sont
italiennes : l'*Aminta* du Tasse et le *Pastor fido* de Guarini. C'est
d'abord un spectacle de cour, qui met en scène des bergers, dans
une « nature » qui n'est pas, après tout, beaucoup plus conven-
tionnelle que celle des Romantiques ou des publicités pour Marl-
boro. La *Sylvie* de Mairet (1626) et sa *Silvanire* (1630) (tirée de
L'Astrée d'Honoré d'Urfé) sont les plus célèbres. **2.** Les deux premiers vers sont bien ceux de *La Clorise*. Le troisième est de
Rostand.

VOIX DIVERSES
   Hein? — Quoi? — Qu'est-ce?...
      On se lève dans les loges, pour voir.

CUIGY

                              C'est lui!

LE BRET, *terrifié*

                              Cyrano!

LA VOIX

                                   Roi des pitres,
   Hors de scène à l'instant!

TOUTE LA SALLE, *indignée*

                        Oh!

MONTFLEURY

                         Mais...

LA VOIX

                              Tu récalcitres?

VOIX DIVERSES, *du parterre, des loges*
185 Chut! — Assez! — Montfleury, jouez! — Ne
                              [craignez rien!...

MONTFLEURY, *d'une voix mal assurée*
   « *Heureux qui loin des cours dans un lieu sol...* »

LA VOIX, *plus menaçante*

                              Eh bien?
   Faudra-t-il que je fasse, ô Monarque des drôles,
   Une plantation de bois sur vos épaules [1]?
      Une canne au bout d'un bras jaillit au-dessus des têtes.

---

1. Dans la lettre de Cyrano « Contre un gros homme » (Montfleury), qui figure dans l'édition des *Œuvres diverses* de Paul Lacroix, on peut lire (p. 143) : « Si les coups de bâton s'envoyaient par écrit, vous liriez ma lettre des épaules; et ne vous étonnez pas de mon procédé, car la vaste étendue de votre rondeur me fait croire si fortement que vous êtes une terre, que de bon cœur je planterais du bois sur vous, pour voir comment il s'y porterait. Pensez-vous donc qu'à cause qu'un homme ne saurait vous battre tout entier en vingt-quatre heures, (...) je me veuille reposer de votre mort sur le bourreau? Non, non »... etc.

MONTFLEURY, *d'une voix de plus en plus faible*
　　« *Heureux qui...* »
　　　　La canne s'agite.

LA VOIX
　　　　　　　Sortez !

LE PARTERRE
　　　　　　　　　Oh !

MONTFLEURY, *s'étranglant*
　　　　　　　　« *Heureux qui loin des cours...* »

CYRANO, *surgissant du parterre, debout sur une chaise, les bras
　　croisés, le feutre en bataille, la moustache hérissée, le nez
　　terrible*
190 Ah ! je vais me fâcher !...
　　　Sensation à sa vue.

Scène IV

LES MÊMES, CYRANO, *puis* BELLEROSE, JODELET

MONTFLEURY, *aux marquis*
　　　　　　　　　Venez à mon secours,
　　Messieurs !

UN MARQUIS, *nonchalamment*
　　　　　　　Mais jouez donc !

CYRANO
　　　　　　　　　　Gros homme, si tu joues
　　Je vais être obligé de te fesser les joues !

LE MARQUIS
　　Assez !

CYRANO
　　　　　Que les marquis se taisent sur leurs bancs,
　　Ou bien je fais tâter ma canne à leurs rubans !

TOUS LES MARQUIS, *debout*
195 C'en est trop !... Montfleury...

CYRANO
　　　　　　　　Que Montfleury s'en aille,
　　Ou bien je l'essorille et le désentripaille [1] !

1. « Essoriller » : couper les oreilles. « Désentripailler » mêle « entri-
pailler », qu'on trouve dans Molière, et « détripailler », qu'on trouve
dans *Le Capitaine Fracasse*, dont le chat Belzébuth est « essorillé ».

UNE VOIX
  Mais...

CYRANO
        Qu'il sorte!

UNE AUTRE VOIX
              Pourtant...

CYRANO
                    Ce n'est pas encor fait?
  Avec le geste de retrousser ses manches.
  Bon! je vais sur la scène, en guise de buffet,
  Découper cette mortadelle d'Italie!

MONTFLEURY, *rassemblant toute sa dignité*
200 En m'insultant, Monsieur, vous insultez Thalie [1]!

CYRANO, *très poli*
  Si cette Muse, à qui, Monsieur, vous n'êtes rien,
  Avait l'honneur de vous connaître, croyez bien
  Qu'en vous voyant si gros et bête comme une urne,
  Elle vous flanquerait quelque part son cothurne [2].

LE PARTERRE
205 Montfleury! Montfleury! — La pièce de Baro! —

CYRANO, *à ceux qui crient autour de lui*
  Je vous en prie, ayez pitié de mon fourreau :
  Si vous continuez, il va rendre sa lame [3]!
  Le cercle s'élargit.

LA FOULE, *reculant*
  Hé! là!...

CYRANO, *à Montfleury*
        Sortez de scène!

LA FOULE, *se rapprochant et grondant*
                    Oh! Oh!

----

1. Thalie est la muse de la Comédie. 2. Les cothurnes sont les
hautes chaussures qu'au théâtre grec les acteurs ne portaient que
pour jouer la tragédie. 3. « Pointe » assez dans le goût des *Entretiens pointus* de Cyrano (éd. P. Lacroix, pp. 197-202).

CYRANO, *se retournant vivement*

                    Quelqu'un réclame ?

  Nouveau recul.

UNE VOIX, *chantant au fond*
  Monsieur de Cyrano
210 Vraiment nous tyrannise,
  Malgré ce tyranneau
  On jouera *la Clorise.*

TOUTE LA SALLE, *chantant*
  La Clorise, la Clorise !...

CYRANO
  Si j'entends une fois encor cette chanson,
215 Je vous assomme tous.

UN BOURGEOIS

                Vous n'êtes pas Samson !

CYRANO
  Voulez-vous me prêter, Monsieur, votre
                    [mâchoire [1] ?

UNE DAME, *dans les loges*
  C'est inouï !

UN SEIGNEUR

          C'est scandaleux !

UN BOURGEOIS

                C'est vexatoire !

UN PAGE
  Ce qu'on s'amuse !

LE PARTERRE

         Kss ! — Montfleury ! — Cyrano !

CYRANO
  Silence !

LE PARTERRE, *en délire*
      Hi han ! Bêê ! Ouah, ouah ! Cocorico !

---

1. Samson fit un massacre de Philistins avec une mâchoire d'âne.

CYRANO
220 Je vous...

UN PAGE
        Miâou!

CYRANO
                Je vous ordonne de vous taire!
    Et j'adresse un défi collectif au parterre!
    — J'inscris les noms! — Approchez-vous, jeunes
                                    [héros!
    Chacun son tour! Je vais donner des numéros! —
    Allons, quel est celui qui veut ouvrir la liste?
225 Vous, Monsieur? Non! Vous? Non! Le premier
                                    [duelliste,
    Je l'expédie avec les honneurs qu'on lui doit!
    — Que tous ceux qui veulent mourir lèvent le
                                    [doigt.

    Silence.

    La pudeur vous défend de voir ma lame nue[1]?
    Pas un nom? — Pas un doigt? — C'est bien. Je
                                    [continue.

    Se retournant vers la scène où Montfleury attend avec angoisse.

230 Donc, je désire voir le théâtre guéri
    De cette fluxion. Sinon...

    La main à son épée.

                        le bistouri!

MONTFLEURY
    Je...

CYRANO, *descend de sa chaise, s'assied au milieu du rond qui
    s'est formé, s'installe comme chez lui*
    Mes mains vont frapper trois claques, pleine
                                    [lune!
    Vous vous éclipserez à la troisième.

    ---

    1. Cyrano, dans *Le Pédant joué*, suggère d'aussi étranges excuses à
    son faux brave (acte II, scène 2).

LE PARTERRE, *amusé*

Ah?...

CYRANO, *frappant dans ses mains*

Une!

MONTFLEURY
Je...

UNE VOIX, *des loges*
Restez!

LE PARTERRE
Restera... restera pas...

MONTFLEURY
Je crois,

235 Messieurs...

CYRANO
Deux!

MONTFLEURY
Je suis sûr qu'il vaudrait mieux que...

CYRANO
Trois!

Montfleury disparaît comme dans une trappe. Tempête de rires, de sifflets, de huées.

LA SALLE
Hu!... hu!... Lâche!... Reviens!...

CYRANO, *épanoui, se renverse sur sa chaise, et croise ses jambes*
Qu'il revienne, s'il l'ose!

UN BOURGEOIS
L'orateur de la troupe!
Bellerose s'avance et salue.

LES LOGES

Ah!... Voilà Bellerose [1]!

1. Bellerose (Pierre Le Messier, dit) est un des plus illustres comédiens du règne de Louis XIII (voir note du vers 29). Apprenti auprès de Valleran-Leconte en 1609, il est chef de troupe à Marseille en 1620 où un contrat avec Alexandre Hardy lui cède toutes ses pièces. Il revient à l'Hôtel de Bourgogne dirigé par Gros-Guillaume en 1622, prend la direction de ces « Comédiens du Roi » en 1635. Il reste « orateur » de la troupe jusqu'en 1646 où il cède sa place au célèbre Floridor. Mort en 1670, Jodelet fut le plus célèbre des farceurs « enfarinés ». Il finit sa carrière chez Molière.

BELLEROSE, *avec élégance*
  Nobles seigneurs...

LE PARTERRE
                    Non! Non! Jodelet!

JODELET, *s'avance, et, nasillard*
                              Tas de veaux!

LE PARTERRE
  Ah! Ah! Bravo! très bien! bravo!

JODELET
                              Pas de bravos!
240 Le gros tragédien dont vous aimez le ventre
  S'est senti...

LE PARTERRE
              C'est un lâche!

JODELET
                        Il dut sortir!

LE PARTERRE
                              Qu'il rentre!

LES UNS
  Non!

LES AUTRES
  Si!

UN JEUNE HOMME, *à Cyrano*
              Mais à la fin, Monsieur, quelle raison
  Avez-vous de haïr Montfleury?

CYRANO, *gracieux, toujours assis*
                          Jeune oison,
  J'ai deux raisons, dont chaque est suffisante seule.
245 *Primo* : c'est un acteur déplorable, qui gueule,
  Et qui soulève avec des han! de porteur d'eau,
  Le vers qu'il faut laisser s'envoler! — *Secundo* :
  Est mon secret...

LE VIEUX BOURGEOIS, *derrière lui*
              Mais vous nous privez sans scrupule
  De *la Clorise*! Je m'entête...

CYRANO, *tournant sa chaise vers le bourgeois, respectueusement*
                    Vieille mule,
250 Les vers du vieux Baro valant moins que zéro,
   J'interromps sans remords !

LES PRÉCIEUSES, *dans les loges*
                    Ha ! — Ho ! — Notre Baro [1] !
Ma chère ! — Peut-on dire ?... Ah ! Dieu !...

CYRANO, *tournant sa chaise vers les loges, galant*
                    Belles personnes,
   Rayonnez, fleurissez, soyez des échansonnes
   De rêve, d'un sourire enchantez un trépas,
255 Inspirez-nous des vers... mais ne les jugez pas !

BELLEROSE
   Et l'argent qu'il va falloir rendre !

CYRANO, *tournant sa chaise vers la scène*
                    Bellerose,
   Vous avez dit la seule intelligente chose !
   Au manteau de Thespis [2] je ne fais pas de trous :
   Il se lève, et lançant un sac sur la scène.
   Attrapez cette bourse au vol, et taisez-vous !

LA SALLE, *éblouie*
260 Ah !... Oh !...

JODELET, *ramassant prestement la bourse et la soupesant*
                    A ce prix-là, Monsieur, je t'autorise
   A venir chaque jour empêcher *la Clorise* !...

LA SALLE
   Hu !... Hu !...

JODELET
                    Dussions-nous même ensemble être hués !...

BELLEROSE
   Il faut évacuer la salle !...

---

1. Baro, gentilhomme de Mlle de Montpensier, fréquentait l'Hôtel de Rambouillet. **2.** Thespis est le plus ancien auteur dramatique de la Grèce. Le chapitre II du *Capitaine Fracasse* s'intitule « Le Chariot de Thespis ».

JODELET

Évacuez!...

On commence à sortir, pendant que Cyrano regarde d'un air satisfait. Mais la foule s'arrête bientôt en entendant la scène suivante, et la sortie cesse. Les femmes qui, dans les loges, étaient déjà debout, leur manteau remis, s'arrêtent pour écouter, et finissent par se rasseoir.

LE BRET, *à Cyrano*
C'est fou!...

UN FÂCHEUX, *qui s'est approché de Cyrano*
Le comédien Montfleury! quel scandale!
265 Mais il est protégé par le duc de Candale [1]!
Avez-vous un patron?

CYRANO

Non!

LE FÂCHEUX

Vous n'avez pas?...

CYRANO

Non!

LE FÂCHEUX
Quoi, pas un grand seigneur pour couvrir de son
[nom?...

CYRANO, *agacé*
Non, ai-je dit deux fois. Faut-il donc que je trisse?
Non, pas de protecteur...

La main à son épée.

mais une protectrice!

LE FÂCHEUX
270 Mais vous allez quitter la ville?

CYRANO

C'est selon.

LE FÂCHEUX
Mais le duc de Candale a le bras long!

1. Le comte de Candale, duc en 1639, né en 1627, était réputé pour sa beauté et ses liaisons. Il vécut et mourut dans la galanterie, comme il appert de Tallemant des Réaux.

CYRANO

Moins long

Que n'est le mien...
Montrant son épée.

quand je lui mets cette rallonge!

LE FÂCHEUX
Mais vous ne songez pas à prétendre...

CYRANO

J'y songe.

LE FÂCHEUX
Mais...

CYRANO
Tournez les talons, maintenant.

LE FÂCHEUX

Mais...

CYRANO

Tournez!

275 — Ou dites-moi pourquoi vous regardez mon nez.

LE FÂCHEUX, *ahuri*
Je...

CYRANO, *marchant sur lui*
Qu'a-t-il d'étonnant?

LE FÂCHEUX, *reculant*

Votre Grâce se trompe...

CYRANO
Est-il mol et ballant, Monsieur, comme une
[trompe?...

LE FÂCHEUX, *même jeu*
Je n'ai pas...

CYRANO

Ou crochu comme un bec de hibou?

LE FÂCHEUX
Je...

CYRANO
Y distingue-t-on une verrue au bout?

LE FÂCHEUX
280 Mais...

CYRANO
Ou si quelque mouche, à pas lents, s'y promène?
Qu'a-t-il d'hétéroclite?

LE FÂCHEUX
        Oh!...
CYRANO
                        Est-ce un phénomène?
LE FÂCHEUX
    Mais d'y porter les yeux, j'avais su me garder!
CYRANO
    Et pourquoi, s'il vous plaît, ne pas le regarder?
LE FÂCHEUX
    J'avais...
CYRANO
        Il vous dégoûte alors?
LE FÂCHEUX
                        Monsieur...
CYRANO
                            Malsaine
285 Vous semble sa couleur?
LE FÂCHEUX
                    Monsieur!
CYRANO
                        Sa forme, obscène?
LE FÂCHEUX
    Mais du tout!...
CYRANO
            Pourquoi donc prendre un air dénigrant?
    — Peut-être que monsieur le trouve un peu trop
                                    [grand?
LE FÂCHEUX, *balbutiant*
    Je le trouve petit, tout petit, minuscule!
CYRANO
    Hein? comment? m'accuser d'un pareil ridicule?
290 Petit, mon nez? Holà!
LE FÂCHEUX
                    Ciel!
CYRANO
                        Énorme, mon nez
    — Vil camus, sot camard, tête plate, apprenez

Que je m'enorgueillis d'un pareil appendice,
Attendu qu'un grand nez est proprement l'indice
D'un homme affable, bon, courtois, spirituel,
295 Libéral, courageux [1], tel que je suis, et tel
Qu'il vous est interdit à jamais de vous croire,
Déplorable maraud ! car la face sans gloire
Que va chercher ma main en haut de votre col,
Est aussi dénuée...
   Il le soufflette.

LE FÂCHEUX

              Ay !

CYRANO

                   De fierté, d'envol,
300 De lyrisme, de pittoresque, d'étincelle,
De somptuosité, de Nez enfin, que celle...
   Il le retourne par les épaules, joignant le geste à la parole.
Que va chercher ma botte au bas de votre dos !

LE FÂCHEUX, *se sauvant*
Au secours ! A la garde !

CYRANO

                  Avis donc aux badauds
Qui trouveraient plaisant mon milieu de visage,
305 Et si le plaisantin est noble, mon usage
Est de lui mettre, avant de le laisser s'enfuir,
Par-devant, et plus haut, du fer, et non du cuir !

DE GUICHE, *qui est descendu de la scène, avec les marquis*
Mais à la fin il nous ennuie !

LE VICOMTE DE VALVERT, *haussant les épaules*
                Il fanfaronne !

DE GUICHE
Personne ne va donc lui répondre ?...

LE VICOMTE

                     Personne ?

---

1. De ces épithètes, on trouvera la source à la note du vers 114.

310 Attendez ! Je vais lui lancer un de ces traits !...

> *Il s'avance vers Cyrano qui l'observe, et se campant devant lui d'un air fat.*

Vous... vous avez un nez... heu... un nez... très grand.

CYRANO, *gravement*

Très.

LE VICOMTE, *riant*
Ha !

CYRANO, *imperturbable*
C'est tout ?...

LE VICOMTE

Mais...

CYRANO

Ah ! non ! c'est un peu
[court, jeune homme !
On pouvait dire... Oh ! Dieu !... bien des choses en
[somme...
En variant le ton, — par exemple, tenez :
315 Agressif : « Moi, Monsieur, si j'avais un tel nez,
Il faudrait sur-le-champ que je me l'amputasse ! »
Amical : « Mais il doit tremper dans votre tasse :
Pour boire, faites-vous fabriquer un hanap [1] ! »
Descriptif : « C'est un roc !... c'est un pic !... c'est un
[cap !
320 Que dis-je, c'est un cap ?... C'est une péninsule ! »
Curieux : « De quoi sert cette oblongue capsule ?
D'écritoire [2], Monsieur, ou de boîte à ciseaux ? »
Gracieux : « Aimez-vous à ce point les oiseaux
Que paternellement vous vous préoccupâtes
325 De tendre ce perchoir à leurs petites pattes ? »
Truculent : « Ça, Monsieur, lorsque vous pétunez [3],

---

1. Un hanap est une très grande coupe, souvent munie d'un couvercle. 2. « Écritoire » signifie aussi encrier, ou encore trousse à mettre de quoi écrire. 3. « Pétuner » est un vieux mot d'origine brésilienne, vieilli déjà au xviie siècle, aimé pour cela des burlesques comme Scarron, et abondamment repris dans *Le Capitaine Fracasse.*

La vapeur du tabac vous sort-elle du nez
Sans qu'un voisin ne crie au feu de cheminée ? »
Prévenant : « Gardez-vous, votre tête entraînée
330 Par ce poids, de tomber en avant sur le sol ! »
Tendre : « Faites-lui faire un petit parasol
De peur que sa couleur au soleil ne se fane ! »
Pédant : « L'animal seul, Monsieur, qu'

                    [Aristophane

Appelle Hippocampéléphantocamélos [1]
335 Dut avoir sous le front tant de chair sur tant d'os ! »
Cavalier : « Quoi, l'ami, ce croc est à la mode ?
Pour pendre son chapeau, c'est vraiment très

                    [commode ! »

Emphatique : « Aucun vent ne peut, nez magistral,
T'enrhumer tout entier, excepté le mistral ! »
340 Dramatique : « C'est la mer Rouge quand il

                    [saigne ! »

Admiratif : « Pour un parfumeur, quelle

                    [enseigne ! »

Lyrique [2] : « Est-ce une conque, êtes-vous un

                    [triton ? »

Naïf : « Ce monument, quand le visite-t-on ? »
Respectueux : « Souffrez, Monsieur, qu'on vous

                    [salue,
345 C'est là ce qui s'appelle avoir pignon sur rue ! »
Campagnard : « Hé, ardé ! C'est-y un nez ? Nanain !
C'est queuqu'navet géant ou ben queuqu'melon

                    [nain [3] ! »

Militaire : « Pointez contre cavalerie ! »

1. Aristophane a inventé bien des monstres, mais pas celui-ci. Rostand l'a sans doute trouvé dans une note de P. Lacroix (*Œuvres diverses* de Cyrano, p. 153), citant une lettre de Le Bret à Cyrano, parlant d'un pédant : « je crois qu'il y aurait justice de lui ordonner de ne se dire au plus que l'Hippocampéléphantocamélos de Lucille, qui après Aristophane baptisa ainsi un pédant. » Ni le poète latin Lucilius ni le correspondant de Sénèque n'ont, à ma connaissance, parlé de cette chimère. Mais Le Bret ne l'a sûrement pas inventée. 2. « Conque » et « triton » sont « lyriques » parce qu'ils font partie du cortège d'Amphitrite, c'est un lieu commun poétique. 3. Ainsi parle Gareau, le paysan du *Pédant joué* (acte II, scène 3) : « ous n'équiais qu'un petit navet en ce temps-là, ous êtes à cette heure-ci eune citrouille bian grosse ». Les formes « ardé », « nanain » (nenni) s'y trouvent en abondance.

Pratique : « Voulez-vous le mettre en loterie?
350 Assurément, Monsieur, ce sera le gros lot ! »
Enfin parodiant Pyrame en un sanglot :
« Le voilà donc ce nez qui des traits de son maître
A détruit l'harmonie ! Il en rougit, le traître [1] ! »
— Voilà ce qu'à peu près, mon cher, vous m'auriez
[dit
355 Si vous aviez un peu de lettres et d'esprit :
Mais d'esprit, ô le plus lamentable des êtres,
Vous n'en eûtes jamais un atome, et de lettres
Vous n'avez que les trois qui forment le mot : sot !
Eussiez-vous eu, d'ailleurs, l'invention qu'il faut
360 Pour pouvoir là, devant ces nobles galeries,
Me servir toutes ces folles plaisanteries,
Que vous n'en eussiez pas articulé le quart
De la moitié du commencement d'une, car
Je me les sers moi-même, avec assez de verve,
365 Mais je ne permets pas qu'un autre me les serve.

DE GUICHE, *voulant emmener le vicomte pétrifié*
Vicomte, laissez-donc !

LE VICOMTE, *suffoqué*
                              Ces grands airs arrogants !
Un hobereau qui... qui... n'a même pas de gants !
Et qui sort sans rubans, sans bouffettes, sans
[ganses [2] !

CYRANO
Moi, c'est moralement que j'ai mes élégances.
370 Je ne m'attife pas ainsi qu'un freluquet,

---

1. *Pyrame et Thisbé* (1621) est une tragédie, fort célèbre au
xviie siècle, de Théophile de Viau. L'apostrophe lancée par Thisbé
au poignard dont Pyrame s'est percé est restée célèbre (scène
dernière) :
    « Ha, voicy le poignard qui du sang de son maistre
     S'est souillé laschement; il en rougit le traistre ! »
Théophile a fait l'objet d'un des médaillons des *Grotesques* de
Gautier, qui cite ces vers. La virtuosité de Rostand rappelle celle
des poètes burlesques. Cyrano en donne un exemple dans les
soixante-six vers de huit pieds (ce qu'on appelait des vers burlesques), tous rimant en -*if*, de l'acte I, scène 1 du *Pédant joué*.
2. Les bouffettes sont des nœuds de rubans, dits « ganses » quand
ils sont en forme de ganses.

Mais je suis plus soigné si je suis moins coquet;
Je ne sortirais pas avec, par négligence,
Un affront pas très bien lavé, la conscience
Jaune encore de sommeil dans le coin de son œil,
375 Un honneur chiffonné, des scrupules en deuil.
Mais je marche sans rien sur moi qui ne reluise,
Empanaché d'indépendance et de franchise;
Ce n'est pas une taille avantageuse, c'est
Mon âme que je cambre ainsi qu'en un corset,
380 Et tout couvert d'exploits qu'en rubans je m'attache,
Retroussant mon esprit ainsi qu'une moustache,
Je fais, en traversant les groupes et les ronds,
Sonner les vérités comme des éperons.

LE VICOMTE
Mais, Monsieur...

CYRANO
            Je n'ai pas de gants?... la belle affaire!
385 Il m'en restait un seul... d'une très vieille paire!
— Lequel m'était d'ailleurs encor fort importun :
Je l'ai laissé dans la figure de quelqu'un.

LE VICOMTE
Maraud, faquin, butor de pied plat ridicule!

CYRANO, *ôtant son chapeau et saluant comme si le vicomte*
    venait de se présenter
Ah?... Et moi, Cyrano-Savinien-Hercule
390 De Bergerac.
   Rires.

LE VICOMTE, *exaspéré*
          Bouffon!

CYRANO, *poussant un cri comme lorsqu'on est saisi d'une*
    crampe
          Ay!...

LE VICOMTE, *qui remontait, se retournant*
          Qu'est-ce encor qu'il dit?

CYRANO, *avec des grimaces de douleur*
Il faut la remuer car elle s'engourdit...
— Ce que c'est que de la laisser inoccupée! —
Ay!...

LE VICOMTE
          Qu'avez-vous?

CYRANO
                    J'ai des fourmis dans mon épée!

LE VICOMTE, *tirant la sienne*
Soit!

CYRANO
          Je vais vous donner un petit coup charmant.

LE VICOMTE, *méprisant*
395 Poète!...

CYRANO
                    Oui, Monsieur, poète! et tellement,
Qu'en ferraillant je vais — hop! — à l'improvisade,
Vous composer une ballade.

LE VICOMTE

                              Une ballade?

CYRANO
Vous ne vous doutez pas de ce que c'est, je crois?

LE VICOMTE
Mais...

CYRANO, *récitant comme une leçon*
          La ballade, donc, se compose de trois
400 Couplets de huit vers...

LE VICOMTE, *piétinant*
                    Oh!

CYRANO, *continuant*
                              Et d'un envoi de quatre [1]...

LE VICOMTE
Vous...

CYRANO
          Je vais tout ensemble en faire une et me
                                        [battre,
Et vous toucher, Monsieur, au dernier vers.

1. Ajoutons, à l'excellente définition que donne Cyrano, que les
couplets d'une ballade ont les mêmes rimes.

LE VICOMTE

                                        Non !

CYRANO

                                              Non ?

Déclamant.

« Ballade du duel qu'en hôtel bourguignon
Monsieur de Bergerac eut avec un bélître ! »

LE VICOMTE

405 Qu'est-ce que c'est que ça, s'il vous plaît ?

CYRANO

                                  C'est le titre.

LA SALLE, *surexcitée au plus haut point*
    Place ! — Très amusant ! — Rangez-vous ! — Pas
                                            [de bruits !

*Tableau. Cercle de curieux au parterre, les marquis et les offi-
ciers mêlés aux bourgeois et aux gens du peuple ; les pages
grimpés sur des épaules pour mieux voir. Toutes les femmes
debout dans les loges. A droite, de Guiche et ses gentilshommes.
A gauche, Le Bret, Ragueneau, Cuigy, etc.*

CYRANO, *fermant une seconde les yeux*
    Attendez !... je choisis mes rimes... Là, j'y suis.

Il fait ce qu'il dit, à mesure.

        Je jette avec grâce mon feutre,
        Je fais lentement l'abandon
410   Du grand manteau qui me calfeutre,
        Et je tire mon espadon ;
        Élégant comme Céladon,
        Agile comme Scaramouche [1],
        Je vous préviens, cher Myrmidon [2],
415   Qu'à la fin de l'envoi je touche !

Premiers engagements de fer.

1. Céladon est le principal personnage de *L'Astrée* ; Scaramouche,
un personnage de la comédie italienne. 2. « Myrmidon », du grec
myrmex, fourmi. Peuple fabuleux de la mythologie (celui
d'Achille, dont le grand-père, Éaque, avait obtenu que les fourmis
de son domaine fussent changées en guerriers). Par extension,
petit bonhomme.

Vous auriez bien dû rester neutre ;
Où vais-je vous larder, dindon ?...
Dans le flanc, sous votre maheutre [1] ?...
Au cœur, sous votre bleu cordon ?...
420   — Les coquilles tintent, ding-don !
Ma pointe voltige : une mouche !
Décidément... c'est au bedon,
Qu'à la fin de l'envoi, je touche.

Il me manque une rime en eutre...
425   Vous rompez, plus blanc qu'amidon ?
C'est pour me fournir le mot pleutre !
— Tac ! je pare la pointe dont
Vous espériez me faire don ; —
J'ouvre la ligne, — je la bouche...
430   Tiens bien ta broche, Laridon [2] !
A la fin de l'envoi, je touche.

Il annonce solennellement :

ENVOI

Prince, demande à Dieu pardon !
Je quarte du pied, j'escarmouche,
Je coupe, je feinte...

Se fendant.

Hé ! là donc,

Le vicomte chancelle ; Cyrano salue.

435   A la fin de l'envoi, je touche.

Acclamations. Applaudissements dans les loges. Des fleurs et des mouchoirs tombent. Les officiers entourent et félicitent Cyrano. Ragueneau danse d'enthousiasme. Le Bret est heureux et navré. Les amis du vicomte le soutiennent et l'emmènent.

LA FOULE, *en un long cri*
Ah !...

UN CHEVAU-LÉGER
Superbe !

---

1. Maheutre : large manche qui s'arrête au coude. 2. Laridon est un chien tournebroche dans La Fontaine (*Fables*, VIII, 24, « L'Éducation ») : sa nombreuse postérité effacera la lignée de son frère César, le noble chien de chasse, dont elle est le « peuple antipode ». « De Laridon je redeviens César ! » lit-on dans *Le Capitaine Fracasse*.

UNE FEMME

Joli!

RAGUENEAU

Pharamineux!

UN MARQUIS

Nouveau!

LE BRET

Insensé!

Bousculade autour de Cyrano. On entend:

... Compliments... félicite... bravo...

VOIX DE FEMME

C'est un héros!...

UN MOUSQUETAIRE, *s'avançant vivement vers Cyrano, la main tendue*

Monsieur, voulez-vous me permettre?...
C'est tout à fait très bien, et je crois m'y connaître;
440 J'ai du reste exprimé ma joie en trépignant!...

Il s'éloigne.

CYRANO, *à Cuigy*

Comment s'appelle donc ce monsieur?

CUIGY

D'Artagnan.

LE BRET, *à Cyrano, lui prenant le bras*

Çà, causons!...

CYRANO

Laisse un peu sortir cette cohue...

A Bellerose.

Je peux rester?

BELLEROSE, *respectueusement*

Mais oui!...

On entend des cris au-dehors.

JODELET, *qui a regardé*

C'est Montfleury qu'on hue!

BELLEROSE, *solennellement*
  Sic transit !...
       Changeant de ton, au portier et au moucheur de chandelles.
                        Balayez. Fermez. N'éteignez pas.
445 Nous allons revenir après notre repas,
  Répéter pour demain une nouvelle farce.
       Jodelet et Bellerose sortent, après de grands saluts à Cyrano.
LE PORTIER, *à Cyrano*
  Vous ne dînez donc pas ?
CYRANO

                        Moi ?... Non.
       Le portier se retire.
LE BRET, *à Cyrano*

                                Parce que ?
CYRANO, *fièrement*

                                       Parce...
       Changeant de ton, en voyant que le portier est loin.
  Que je n'ai pas d'argent !...
LE BRET, *faisant le geste de lancer un sac*
                        Comment ! le sac d'écus ?...
CYRANO
  Pension paternelle, en un jour, tu vécus !
LE BRET
450 Pour vivre tout un mois, alors ?...
CYRANO

                                Rien ne me reste.
LE BRET
  Jeter ce sac, quelle sottise !
CYRANO

                        Mais quel geste !...
LA DISTRIBUTRICE, *toussant derrière son petit comptoir*
  Hum !...
       Cyrano et Le Bret se retournent. Elle s'avance, intimidée.
                 Monsieur... Vous savoir jeûner... le cœur
                                              [me fend...
       Montrant le buffet.
  J'ai là tout ce qu'il faut...
       Avec élan.
                        Prenez !

CYRANO, *se découvrant*

Ma chère enfant,

Encor que mon orgueil de Gascon m'interdise

455 D'accepter de vos doigts la moindre friandise,

J'ai trop peur qu'un refus ne vous soit un chagrin,

Et j'accepterai donc...

Il va au buffet et choisit.

Oh! peu de chose! — un grain

De ce raisin...

Elle veut lui donner la grappe, il cueille un grain.

Un seul!... ce verre d'eau...

Elle veut y verser du vin, il l'arrête.

limpide!

— Et la moitié d'un macaron!

Il rend l'autre moitié.

LE BRET

Mais c'est stupide!

LA DISTRIBUTRICE

460 Oh! quelque chose encor!

CYRANO

Oui. La main à baiser.

Il baise, comme la main d'une princesse, la main qu'elle lui tend.

LA DISTRIBUTRICE

Merci, Monsieur.

Révérence.

Bonsoir.

Elle sort.

Scène V

CYRANO, LE BRET, *puis* LE PORTIER

CYRANO, *à Le Bret*

Je t'écoute causer.

Il s'installe devant le buffet et rangeant devant lui le macaron

Dîner!...

... le verre d'eau

Boisson!...

... le grain de raisin.

Dessert!...

Il s'assied.

Là, je me mets à table!
— Ah!... j'avais une faim, mon cher, épouvantable!

Mangeant.

— Tu disais?

LE BRET

Que ces fats aux grands airs belliqueux
465 Te fausseront l'esprit si tu n'écoutes qu'eux!...
Va consulter des gens de bon sens, et t'informe
De l'effet qu'a produit ton algarade.

CYRANO, *achevant son macaron*

Énorme.

LE BRET

Le Cardinal...

CYRANO, *s'épanouissant*

Il était là, le Cardinal?

LE BRET

A dû trouver cela...

CYRANO

Mais très original.

LE BRET

470 Pourtant...

CYRANO

C'est un auteur [1]. Il ne peut lui déplaire
Que l'on vienne troubler la pièce d'un confrère.

---

1. Richelieu protégea le théâtre, auteurs et comédiens. Il passe, selon Pellisson, pour avoir écrit cinq cents vers de *La Grande Pastorale* (1637), œuvre déjà de cinq auteurs. Il aurait participé à *Mirame* (1638) et à *Europe* (1642), attribuées à Desmarets de Saint-Sorlin.

LE BRET
   Tu te mets sur les bras, vraiment, trop d'ennemis!

CYRANO, *attaquant son grain de raisin*
   Combien puis-je, à peu près, ce soir, m'en être mis?

LE BRET
   Quarante-huit. Sans compter les femmes.

CYRANO

                                        Voyons, compte!

LE BRET
475 Montfleury, le bourgeois, de Guiche, le vicomte,
   Baro, l'Académie...

CYRANO

                              Assez! tu me ravis!

LE BRET
   Mais où te mènera la façon dont tu vis?
   Quel système est le tien?

CYRANO

                        J'errais dans un méandre;
   J'avais trop de partis, trop compliqués, à prendre;
480 J'ai pris...

LE BRET

               Lequel?

CYRANO

                  Mais le plus simple, de beaucoup.
   J'ai décidé d'être admirable, en tout, pour tout!

LE BRET, *haussant les épaules*
   Soit! — Mais enfin, à moi, le motif de ta haine
   Pour Montfleury, le vrai, dis-le-moi!

CYRANO, *se levant*

                                    Ce Silène,
   Si ventru que son doigt n'atteint pas son nombril,
485 Pour les femmes encor se croit un doux péril,
   Et leur fait, cependant qu'en jouant il bredouille,
   Des yeux de carpe avec ses gros yeux de

                                    [grenouille!...

Et je le hais depuis qu'il se permit, un soir,
De poser son regard, sur celle... Oh! j'ai cru voir
490 Glisser sur une fleur une longue limace!

LE BRET, *stupéfait*

Hein? Comment? Serait-il possible?...

CYRANO, *avec un rire amer*

Que j'aimasse?...

Changeant de ton et gravement.

J'aime.

LE BRET

Et peut-on savoir? tu ne m'as jamais dit?...

CYRANO

Qui j'aime?... Réfléchis, voyons. Il m'interdit
Le rêve d'être aimé même par une laide,
495 Ce nez qui d'un quart d'heure en tous lieux me
[précède [1];
Alors moi, j'aime qui?... Mais cela va de soi!
J'aime — mais c'est forcé! — la plus belle qui soit!

LE BRET

La plus belle?...

CYRANO

Tout simplement, qui soit au monde!
La plus brillante, la plus fine,

Avec accablement.

la plus blonde!

LE BRET

500 Eh! mon Dieu, quelle est donc cette femme?...

CYRANO

Un danger
Mortel sans le vouloir, exquis sans y songer,
Un piège de nature, une rose muscade
Dans laquelle l'amour se tient en embuscade!

---

1. Voir *Le Pédant joué* (acte III, scène 2), portrait du pédant Granger : « Pour son nez, il mérite bien une égratignure particulière. Cet authentique nez arrive partout un quart d'heure devant son maître; dix savetiers, de raisonnable rondeur, vont travailler dessous à couvert de la pluie. »

Qui connaît son sourire a connu le parfait.
505 Elle fait de la grâce avec rien, elle fait
Tenir tout le divin dans un geste quelconque,
Et tu ne saurais pas, Vénus, monter en conque,
Ni toi, Diane, marcher dans les grands bois fleuris,
Comme elle monte en chaise et marche dans
                                    [Paris !...

LE BRET
510 Sapristi ! je comprends. C'est clair !

CYRANO

                        C'est diaphane.

LE BRET
Magdeleine Robin, ta cousine ?

CYRANO

                        Oui, — Roxane.

LE BRET
Eh bien ! mais c'est au mieux ! Tu l'aimes ?
                                    [Dis-le-lui !
Tu t'es couvert de gloire à ses yeux aujourd'hui !

CYRANO
Regarde-moi, mon cher, et dis quelle espérance
515 Pourrait bien me laisser cette protubérance !
Oh ! je ne me fais pas d'illusion ! — Parbleu,
Oui, quelquefois, je m'attendris, dans le soir bleu ;
J'entre en quelque jardin où l'heure se parfume ;
Avec mon pauvre grand diable de nez je hume
520 L'avril, — je suis des yeux, sous un rayon d'argent,
Au bras d'un cavalier, quelque femme, en songeant
Que pour marcher, à petits pas, dans de la lune,
Aussi moi j'aimerais au bras en avoir une,
Je m'exalte, j'oublie... et j'aperçois soudain
525 L'ombre de mon profil sur le mur du jardin !

LE BRET, *ému*
Mon ami !...

CYRANO

            Mon ami, j'ai de mauvaises heures !
De me sentir si laid, parfois, tout seul... !

LE BRET, *vivement, lui prenant la main*

                        Tu pleures ?

CYRANO

Ah! non, cela, jamais! Non, ce serait trop laid,
Si le long de ce nez une larme coulait!
530 Je ne laisserai pas, tant que j'en serai maître,
La divine beauté des larmes se commettre
Avec tant de laideur grossière!... Vois-tu bien,
Les larmes, il n'est rien de plus sublime, rien,
Et je ne voudrais pas qu'excitant la risée,
535 Une seule, par moi, fût ridiculisée!...

LE BRET

Va, ne t'attriste pas! L'amour n'est que hasard!

CYRANO, *secouant la tête*

Non! J'aime Cléopâtre : ai-je l'air d'un César?
J'adore Bérénice : ai-je l'aspect d'un Tite?

LE BRET

Mais ton courage! ton esprit! — Cette petite
540 Qui t'offrait, là, tantôt, ce modeste repas,
Ses yeux, tu l'as bien vu, ne te détestaient pas!

CYRANO, *saisi*

C'est vrai!

LE BRET

Eh! bien! alors?... Mais, Roxane, elle-même,
Toute blême a suivi ton duel!...

CYRANO

Toute blême?

LE BRET

Son cœur et son esprit déjà sont étonnés!
545 Ose, et lui parle, afin...

CYRANO

Qu'elle me rie au nez?
Non! — C'est la seule chose au monde que je
[craigne!

LE PORTIER, *introduisant quelqu'un, à Cyrano*
Monsieur, on vous demande...

CYRANO, *voyant la duègne*

Ah! mon Dieu! Sa duègne [1]!

Scène VI

CYRANO, LE BRET, LA DUÈGNE

LA DUÈGNE, *avec un grand salut*
De son vaillant cousin on désire savoir
Où l'on peut, en secret, le voir.

CYRANO, *bouleversé*

Me voir?

LA DUÈGNE, *avec une révérence*

Vous voir.

550 — On a des choses à vous dire.

CYRANO

Des?...

LA DUÈGNE, *nouvelle révérence*

Des choses!

CYRANO, *chancelant*
Ah! mon Dieu!

LA DUÈGNE

L'on ira, demain, aux primes roses
D'aurore, — ouïr la messe à Saint-Roch.

CYRANO, *se soutenant sur Le Bret*

Ah! mon Dieu!

LA DUÈGNE
En sortant, — où peut-on entrer, causer un peu?

1. « Duègne », à ma connaissance, n'est pas un mot usité, dans la première partie du XVIIe siècle, au sens de dame de compagnie ou gouvernante. Il est senti comme un espagnolisme (*Le Roman comique*, Pléiade, p. 650), souvent écrit « duegna » ou « douegna ».

CYRANO, *affolé*
Où ?... Je... mais... Ah ! mon Dieu !...

LA DUÈGNE

                                        Dites vite.

CYRANO

                                        Je cherche !...

LA DUÈGNE
555. Où ?...

CYRANO

            Chez... chez... Ragueneau... le pâtissier...

LA DUÈGNE

                                        Il perche ?

CYRANO
Dans la rue — Ah ! mon Dieu, mon Dieu ! — Saint-
                                        [Honoré !...

LA DUÈGNE, *remontant*
On ira. Soyez-y. Sept heures.

CYRANO

                                        J'y serai.

    La duègne sort.

Scène VII

CYRANO, LE BRET, *puis* **LES COMÉDIENS, LES
COMÉDIENNES, CUIGY, BRISSAILLE, LIGNIÈRE,
LE PORTIER, LES VIOLONS**

CYRANO, *tombant dans les bras de Le Bret*
Moi !... D'elle !... Un rendez-vous !...

LE BRET

                        Eh bien ! tu n'es plus triste ?

CYRANO
Ah ! pour quoi que ce soit, elle sait que j'existe !

LE BRET
560 Maintenant, tu vas être calme ?

CYRANO, *hors de lui*

                                        Maintenant...

Mais je vais être frénétique et fulminant[1]!
Il me faut une armée entière à déconfire!
J'ai dix cœurs; j'ai vingt bras; il ne peut me suffire
De pourfendre des nains...

Il crie à tue-tête.

Il me faut des géants!

Depuis un moment, sur la scène, au fond, des ombres de comédiens et de comédiennes s'agitent, chuchotent : on commence à répéter. Les violons ont repris leur place.

UNE VOIX, *de la scène*
565 Hé! pst! là-bas! Silence! on répète céans!

CYRANO, *riant*
Nous partons!

Il remonte; par la grande porte du fond entrent Cuigy, Brissaille, plusieurs officiers, qui soutiennent Lignière complètement ivre.

CUIGY
Cyrano!

CYRANO
Qu'est-ce?

CUIGY
Une énorme grive
Qu'on t'apporte!

CYRANO, *le reconnaissant*
Lignière!... Hé, qu'est-ce qui t'arrive?

CUIGY
Il te cherche!

BRISSAILLE
Il ne peut rentrer chez lui!

CYRANO
Pourquoi?

LIGNIÈRE, *d'une voix pâteuse, lui montrant un billet tout chiffonné*
Ce billet m'avertit... cent hommes contre moi...

---

1. Dans la même circonstance, Rodrigue lui-même parle un peu en Matamore : « Paraissez, Navarrais, Maures et Castillans »...

570 A cause de... chanson... grand danger me menace...
   Porte de Nesle... Il faut, pour rentrer, que j'y passe...
   Permets-moi donc d'aller coucher sous... sous ton
                                              [toit!

CYRANO
   Cent hommes, m'as-tu dit? Tu coucheras chez toi [1]!

LIGNIÈRE, *épouvanté*
   Mais...

CYRANO, *d'une voix terrible, lui montrant la lanterne allumée*
   que le portier balance en écoutant curieusement cette scène
           Prends cette lanterne!...

   Lignière saisit précipitamment la lanterne.

                           Et marche! — Je te jure
575 Que c'est moi qui ferai ce soir ta couverture!...
   Aux officiers.

   Vous, suivez à distance, et vous serez témoins!

CUIGY
   Mais cent hommes!...

CYRANO
                       Ce soir, il ne m'en faut pas moins!
   Les comédiens et les comédiennes, descendus de scène, se sont
   rapprochés dans leurs divers costumes.

LE BRET
   Mais pourquoi protéger...

CYRANO
                           Voilà Le Bret qui grogne!

LE BRET
   Cet ivrogne banal?...

CYRANO, *frappant sur l'épaule de Lignière*
                       Parce que cet ivrogne,

---

1. C'est Paul Lacroix qui assure — d'après les *Menagiana* — que
Lignières était guetté par cent hommes, et qui rapporte cette
phrase de Cyrano : « Prends une lanterne et marche derrière moi;
je veux t'aider moi-même à faire la couverture de ton lit. »

580 Ce tonneau de muscat, ce fût de rossoli [1],
    Fit quelque chose un jour de tout à fait joli :
    Au sortir d'une messe ayant, selon le rite,
    Vu celle qu'il aimait prendre de l'eau bénite,
    Lui que l'eau fait sauver, courut au bénitier,
585 Se pencha sur sa conque et le but tout entier !...

UNE COMÉDIENNE, *en costume de soubrette*
    Tiens, c'est gentil, cela !

CYRANO
                        N'est-ce pas, la soubrette ?

LA COMÉDIENNE, *aux autres*
    Mais pourquoi sont-ils cent contre un pauvre poète ?

CYRANO
    Marchons !
        Aux officiers.
                Et vous, Messieurs, en me voyant charger,
    Ne me secondez pas, quel que soit le danger !

UNE AUTRE COMÉDIENNE, *sautant de la scène*
590 Oh ! mais moi je vais voir !

CYRANO
                        Venez !...

UNE AUTRE, *sautant aussi, à un vieux comédien*
                        Viens-tu, Cassandre ?...

CYRANO
    Venez tous, le Docteur, Isabelle, Léandre [2],
    Tous ! Car vous allez joindre, essaim charmant et fol,
    La farce italienne à ce drame espagnol.
    Et sur son ronflement tintant un bruit fantasque,
595 L'entourer de grelots comme un tambour de
                                    [basque !...

TOUTES LES FEMMES, *sautant de joie*
    Bravo ! — Vite, une mante ! — Un capuchon !

---

1. « Rossoli » désigne une liqueur de dessert, faite d'eau-de-vie
sucrée et chaude, parfumée de cannelle. « Lignières qui avait bu
toute l'eau d'un bénitier parce qu'une de ses maîtresses y avait
trempé le bout du doigt » vient de Somaize, dans l'édition Livet.
2. Le Docteur, Isabelle, Léandre sont des emplois de comédie.
Voyez *Le Capitaine Fracasse*.

JODELET

Allons!

CYRANO, *aux violons*

Vous nous jouerez un air, Messieurs les violons !

*Les violons se joignent au cortège qui se forme. On s'empare des
chandelles allumées de la rampe et on se les distribue. Cela
devient une retraite aux flambeaux.*

Bravo ! des officiers, des femmes en costume,
Et vingt pas en avant...

Il se place comme il dit.

Moi, tout seul, sous la plume

600 Que la gloire elle-même à ce feutre piqua,
Fier comme un Scipion triplement Nasica [1]!...
— C'est compris ? Défendu de me prêter

[main-forte ! —

On y est ?... Un, deux, trois ! Portier, ouvre la porte !

*Le portier ouvre à deux battants. Un coin du vieux Paris pit-
toresque et lunaire paraît.*

Ah !... Paris fuit, nocturne et quasi nébuleux ;

605 Le clair de lune coule aux pentes des toits bleus ;
Un cadre se prépare, exquis, pour cette scène ;
Là-bas, sous des vapeurs en écharpe, la Seine,
Comme un mystérieux et magique miroir,
Tremble... Et vous allez voir ce que vous allez voir !

TOUS

610 A la porte de Nesle !

CYRANO, *debout sur le seuil*

A la porte de Nesle !

Se retournant avant de sortir, à la soubrette.

Ne demandiez-vous pas pourquoi, Mademoiselle,
Contre ce seul rimeur cent hommes furent mis ?

Il tire l'épée et, tranquillement.

C'est parce qu'on savait qu'il est de mes amis !

*Il sort. Le cortège, — Lignière zigzaguant en tête, — puis les
comédiennes aux bras des officiers, — puis les comédiens gam-
badant, — se met en marche dans la nuit au son des violons, et
à la lueur falote des chandelles.*

RIDEAU

1. *Nasica* — nez pointu — était un surnom dans la *gens* de
Scipion. Cela ressemble à une plaisanterie de latiniste de collège.

DEUXIÈME ACTE

LA RÔTISSERIE DES POÈTES

La boutique de Ragueneau, rôtisseur-pâtissier, vaste ouvroir au coin de la rue Saint-Honoré et de la rue de l'Arbre-Sec qu'on aperçoit largement au fond, par le vitrage de la porte, grises dans les premières lueurs de l'aube.

A gauche, premier plan, comptoir surmonté d'un dais en fer forgé, auquel sont accrochés des oies, des canards, des paons blancs. Dans de grands vases de faïence, de hauts bouquets de fleurs naïves, principalement des tournesols jaunes. Du même côté, second plan, immense cheminée devant laquelle, entre de monstrueux chenets, dont chacun supporte une petite marmite, les rôtis pleurent dans les lèchefrites.

A droite, premier plan avec porte. Deuxième plan, un escalier montant à une petite salle en soupente, dont on aperçoit l'intérieur par des volets ouverts; une table y est dressée, un menu lustre flamand y luit : c'est un réduit où l'on va manger et boire. Une galerie de bois, faisant suite à l'escalier, semble mener à d'autres petites salles analogues.

Au milieu de la rôtisserie, un cercle en fer que l'on peut faire descendre avec une corde, et auquel de grosses pièces sont accrochées, fait un lustre de gibier.

Les fours, dans l'ombre, sous l'escalier, rougeoient. Des cuivres étincellent. Des broches tournent. Des pièces montées pyramident. Des jambons pendent. C'est le coup de feu matinal. Bousculade de marmitons effarés, d'énormes cuisiniers et de minuscules gâte-sauces. Foisonnement de bonnets à plume de poulet ou à aile de pintade. On apporte, sur des plaques de tôle et des clayons d'osier, des quinconces de brioches, des villages de petits fours.

Des tables sont couvertes de gâteaux et de plats. D'autres, entourées de chaises, attendent les mangeurs et les buveurs. Une plus petite, dans un coin, disparaît sous les papiers. Ragueneau y est assis au lever du rideau, il écrit.

Scène première

RAGUENEAU, PÂTISSIERS, puis LISE; Ragueneau, à la petite table, écrivant d'un air inspiré, et comptant sur ses doigts

PREMIER PÂTISSIER, *apportant une pièce montée*
  Fruits en nougat !

DEUXIÈME PÂTISSIER, *apportant un plat*
  Flan !

TROISIÈME PÂTISSIER, *apportant un rôti paré de plumes*
  Paon !

QUATRIÈME PÂTISSIER, *apportant une plaque de gâteaux*
  Roinsoles [1] !

CINQUIÈME PÂTISSIER, *apportant une sorte de terrine*
      Bœuf en daube !

RAGUENEAU, *cessant d'écrire et levant la tête*
615 Sur les cuivres, déjà, glisse l'argent de l'aube !
  Étouffe en toi le dieu qui chante, Ragueneau !
  L'heure du luth viendra, — c'est l'heure du fourneau !
  Il se lève. — A un cuisinier.
  Vous, veuillez m'allonger cette sauce, elle est courte !

LE CUISINIER
  De combien ?

RAGUENEAU
      De trois pieds.
  Il passe.
LE CUISINIER
          Hein !

PREMIER PÂTISSIER
          La tarte !

DEUXIÈME PÂTISSIER
            La tourte !

RAGUENEAU, *devant la cheminée*
620 Ma Muse, éloigne-toi, pour que tes yeux charmants

---

1. Probablement « roissoles » ou « rissoles » (pâte enveloppant de la viande hachée, ou autre chose, et frite. D'où *rissoler*.)
  J'avoue que je n'ai pas trouvé de source sûre de Rostand pour tous ces termes de cuisine.

N'aillent pas se rougir au feu de ces sarments !
> *A un pâtissier, lui montrant des pains.*

Vous avez mal placé la fente de ces miches :
Au milieu la césure, — entre les hémistiches !
> *A un autre, lui montrant un pâté inachevé.*

A ce palais de croûte, il faut, vous, mettre un toit...
> *A un jeune apprenti, qui, assis par terre, embroche des volailles.*

625 Et toi, sur cette broche interminable, toi,
Le modeste poulet et la dinde superbe,
Alterne-les, mon fils, comme le vieux Malherbe
Alternait les grands vers avec les plus petits,
Et fais tourner au feu des strophes de rôtis !

UN AUTRE APPRENTI, *s'avançant avec un plateau recouvert*
d'une assiette
630 Maître, en pensant à vous, dans le four, j'ai fait cuire
Ceci, qui vous plaira, je l'espère.
> *Il découvre le plateau, on voit une grande lyre de pâtisserie.*

RAGUENEAU, *ébloui*

Une lyre !

L'APPRENTI
En pâte de brioche.

RAGUENEAU, *ému*

Avec des fruits confits !

L'APPRENTI
Et les cordes, voyez, en sucre je les fis.

RAGUENEAU, *lui donnant de l'argent*
Va boire à ma santé !
> *Apercevant Lise qui entre.*

Chut ! ma femme ! Circule,
635 Et cache cet argent !
> *A Lise, lui montrant la lyre d'un air gêné.*

C'est beau ?

LISE

C'est ridicule !
> *Elle pose sur le comptoir une pile de sacs en papier.*

RAGUENEAU

Des sacs?... Bon. Merci.

Il les regarde.

Ciel! Mes livres vénérés!
Les vers de mes amis! déchirés! démembrés!
Pour en faire des sacs à mettre des croquantes [1]...
Ah! vous renouvelez Orphée et les bacchantes [2]!

LISE, *sèchement*

640 Et n'ai-je pas le droit d'utiliser vraiment
Ce que laissent ici, pour unique paiement [3],
Vos méchants écriveurs de lignes inégales!

RAGUENEAU

Fourmi!... n'insulte pas ces divines cigales!

LISE

Avant de fréquenter ces gens-là, mon ami,
645 Vous ne m'appeliez pas bacchante, — ni fourmi!

RAGUENEAU

Avec des vers, faire cela!

LISE

Pas autre chose.

RAGUENEAU

Que faites-vous, alors, madame, avec la prose?

Scène II
LES MÊMES, DEUX ENFANTS,
qui viennent d'entrer dans la pâtisserie

RAGUENEAU

Vous désirez, petits?

---

1. Croquantes, ou croquants : gâteaux secs aux amandes pilées.
2. Les bacchantes déchirèrent le poète Orphée. 3. Au pays de cocagne rêvé par les poètes crottés (vers 686), on paie en vers : c'est ce
qu'imagine Hortensius, pédant du *Francion* (Pléiade, p. 450) et pré-
décesseur d'Ubu au trône illusoire de Pologne : « Qui n'aura point
d'argent portera une stance au tavernier, il aura demi-septier; cho-
pine pour un sonnet, pinte pour une ode », etc. Cyrano reprend ce
thème dans les *Estats de la Lune* (éd. Alcover, p. 86) : « Comment des
vers? (...) les taverniers sont donc curieux en rimes? »

— C'est, me répondit-il, la monnaie du pays, et la dépense que
nous venons de faire céans s'est trouvée monter à un sixain que je
lui viens de donner », etc.

PREMIER ENFANT

Trois pâtés.

RAGUENEAU, *les servant*

Là, bien roux...

Et bien chauds.

DEUXIÈME ENFANT

S'il vous plaît, enveloppez-les-nous?

RAGUENEAU, *saisi, à part*

650 Hélas! un de mes sacs!

Aux enfants.

Que je les enveloppe?

Il prend un sac et au moment d'y mettre les pâtés, il lit.

« *Tel Ulysse, le jour qu'il quitta Pénélope...* »
Pas celui-ci!...

Il le met de côté et en prend un autre. Au moment d'y mettre les pâtés, il lit.

« *Le blond Phœbus...* » Pas celui-là!

Même jeu.

LISE, *impatientée*

Eh bien! qu'attendez-vous?

RAGUENEAU

Voilà, voilà, voilà!

Il en prend un troisième et se résigne.

Le sonnet à Philis[1]!... mais c'est dur tout de même!

LISE

655 C'est heureux qu'il se soit décidé!

Haussant les épaules.

Nicodème[2]!

Elle monte sur une chaise et se met à ranger des plats sur une crédence.

1. Philis (peut-être d'après la *Philis de Scyre* de Bonarelli qui a tant inspiré de pastorales) désigne toute amante en poésie. (Voyez le sonnet d'Oronte, dans *Le Misanthrope*.) **2.** Nicodème : nigaud.

RAGUENEAU, *profitant de ce qu'elle tourne le dos, rappelle les enfants déjà à la porte*

Pst!... Petits!... Rendez-moi le sonnet à Philis,
Au lieu de trois pâtés je vous en donne six.

Les enfants lui rendent le sac, prennent vivement les gâteaux et sortent. Ragueneau, défripant le papier, se met à lire en déclamant.

« Philis!... » Sur ce doux nom, une tache de beurre!...
« Philis!... »

Cyrano entre brusquement.

Scène III

RAGUENEAU, LISE, CYRANO, *puis* LE MOUSQUETAIRE

CYRANO

Quelle heure est-il?

RAGUENEAU, *le saluant avec empressement*

Six heures.

CYRANO, *avec émotion*

Dans une heure!

Il va et vient dans la boutique.

RAGUENEAU, *le suivant*

660 Bravo! J'ai vu...

CYRANO

Quoi donc?

RAGUENEAU

Votre combat!...

CYRANO

Lequel?

RAGUENEAU

Celui de l'hôtel de Bourgogne!

CYRANO, *avec dédain*

Ah!... Le duel!...

RAGUENEAU, *admiratif*
　　Oui, le duel en vers!...

LISE

　　　　　　　　Il en a plein la bouche!

CYRANO
　　Allons! tant mieux!

RAGUENEAU, *se fendant avec une broche qu'il a saisie*
　　　　　　　« A la fin de l'envoi, je touche!...
　　A la fin de l'envoi, je touche!... » Que c'est beau!
　　Avec un enthousiasme croissant.
665 « A la fin de l'envoi... »

CYRANO

　　　　　　　　Quelle heure, Ragueneau?

RAGUENEAU, *restant fendu pour regarder l'horloge*
　　Six heures cinq!... « ... je touche! »
　　Il se relève.

　　　　　　　　... Oh! faire une ballade!

LISE, *à Cyrano, qui en passant devant son comptoir lui a serré distraitement la main*
　　Qu'avez-vous à la main?

CYRANO

　　　　　　　　Rien. Une estafilade.

RAGUENEAU
　　Courûtes-vous quelque péril?

CYRANO

　　　　　　　　Aucun péril.

LISE, *le menaçant du doigt*
　　Je crois que vous mentez!

CYRANO

　　　　　　　　Mon nez remuerait-il?
670 Il faudrait que ce fût pour un mensonge énorme!
　　Changeant de ton.
　　J'attends ici quelqu'un. Si ce n'est pas sous l'orme [1],
　　Vous nous laisserez seuls.

---

1. Attendre sous l'orme : attendre qui ne vient pas au rendez-vous.

RAGUENEAU

C'est que je ne peux pas;
Mes rimeurs vont venir...

LISE, *ironique*

Pour leur premier repas.

CYRANO
Tu les éloigneras quand je te ferai signe...
675 L'heure?

RAGUENEAU

Six heures dix.

CYRANO, *s'asseyant nerveusement à la table de Ragueneau et
prenant du papier*

Une plume?...

RAGUENEAU, *lui offrant celle qu'il a à son oreille*

De cygne.

UN MOUSQUETAIRE, *superbement moustachu, entre et d'une
voix de stentor*
Salut!
Lise remonte vivement vers lui.

CYRANO, *se retournant*
Qu'est-ce?

RAGUENEAU

Un ami de ma femme. Un guerrier
Terrible, — à ce qu'il dit!...

CYRANO, *reprenant la plume et éloignant du geste Ragueneau*
Chut!...

A lui-même.

Écrire, — plier, —
Lui donner, — me sauver...
Jetant la plume.

Lâche!... Mais que je meure,
Si j'ose lui parler, lui dire un seul mot...
A Ragueneau.

L'heure?

RAGUENEAU

680 Six et quart!...

CYRANO, *frappant sa poitrine*

        ... un seul mot de tous ceux que j'ai là!
Tandis qu'en écrivant...

Il reprend la plume.

                Eh bien! écrivons-la,
Cette lettre d'amour qu'en moi-même j'ai faite
Et refaite cent fois, de sorte qu'elle est prête,
Et que mettant mon âme à côté du papier,
685 Je n'ai tout simplement qu'à la recopier.

Il écrit. — Derrière le vitrage de la porte on voit s'agiter des silhouettes maigres et hésitantes.

Scène IV

RAGUENEAU, LISE, LE MOUSQUETAIRE, CYRANO,
à la petite table, écrivant, LES POÈTES, *vêtus de noir,
les bas tombants, couverts de boue*

LISE, *entrant, à Ragueneau*
Les voici, vos crottés[1]!

PREMIER POÈTE, *entrant, à Ragueneau*
              Confrère!...

DEUXIÈME POÈTE, *de même, lui secouant les mains*
              Cher confrère!

TROISIÈME POÈTE
Aigle des pâtissiers!

Il renifle.

              Ça sent bon dans votre aire.

QUATRIÈME POÈTE
Ô Phœbus-Rôtisseur!

CINQUIÈME POÈTE
            Apollon maître queux!...

---

1. Les poètes crottés offrirent un thème cher à la poésie burlesque et satirique en général au XVIIᵉ siècle. S'en sont moqués
ponctuellement Balzac, Théophile, Saint-Amant, Boileau, etc.

RAGUENEAU, *entouré, embrassé, secoué*
> Comme on est tout de suite à son aise avec eux!...

PREMIER POÈTE
690   Nous fûmes retardés par la foule attroupée
> A la porte de Nesle!...

DEUXIÈME POÈTE
>   Ouverts à coups d'épée,
> Huit malandrins sanglants illustraient les pavés!

CYRANO, *levant une seconde la tête*
> Huit?... Tiens, je croyais sept.
> *Il reprend sa lettre.*

RAGUENEAU, *à Cyrano*
>   Est-ce que vous savez
> Le héros du combat?

CYRANO, *négligemment*
>   Moi?... Non!

LISE, *au mousquetaire*
>   Et vous?

LE MOUSQUETAIRE, *se frisant la moustache*
>   Peut-être!

CYRANO, *écrivant, à part, — on l'entend murmurer de temps en temps*
695   *Je vous aime...*

PREMIER POÈTE
>   Un seul homme, assurait-on, sut mettre
> Toute une bande en fuite!...

DEUXIÈME POÈTE
>   Oh! c'était curieux!
> Des piques, des bâtons jonchaient le sol!...

CYRANO, *écrivant*
>   *... vos yeux...*

TROISIÈME POÈTE
> On trouvait des chapeaux jusqu'au quai des
>   [Orfèvres!

PREMIER POÈTE
   Sapristi! ce dut être un féroce...

CYRANO, *même jeu*

                              ... vos lèvres...

PREMIER POÈTE
700 Un terrible géant, l'auteur de ces exploits!

CYRANO, *même jeu*
   ... Et je m'évanouis de peur quand je vous vois.

DEUXIÈME POÈTE, *happant un gâteau*
   Qu'as-tu rimé de neuf, Ragueneau?

CYRANO, *même jeu*

                              ... qui vous aime...

   *Il s'arrête au moment de signer, et se lève, mettant sa lettre dans
   son pourpoint.*

   Pas besoin de signer. Je la donne moi-même.

RAGUENEAU, *au deuxième poète*
   J'ai mis une recette en vers.

TROISIÈME POÈTE, *s'installant près d'un plateau de choux à
   la crème*

                              Oyons ces vers!

QUATRIÈME POÈTE, *regardant une brioche qu'il a prise*
705 Cette brioche a mis son bonnet de travers.
   Il la décoiffe d'un coup de dent.

PREMIER POÈTE
   Ce pain d'épice suit le rimeur famélique,
   De ses yeux en amande aux sourcils d'angélique!
   Il happe le morceau de pain d'épice.

DEUXIÈME POÈTE
   Nous écoutons.

TROISIÈME POÈTE, *serrant légèrement un chou entre ses
   doigts*

                              Ce chou bave sa crème. Il rit.

DEUXIÈME POÈTE, *mordant à même la grande lyre de pâtisserie*
   Pour la première fois la Lyre me nourrit!

RAGUENEAU, *qui s'est préparé à réciter, qui a toussé, assuré son bonnet, pris une pose*

710 Une recette en vers...

DEUXIÈME POÈTE, *au premier, lui donnant un coup de coude*

Tu déjeunes?

PREMIER POÈTE, *au deuxième*

Tu dînes!

RAGUENEAU

Comment on fait les tartelettes amandines.

Battez, pour qu'ils soient mousseux,
Quelques œufs;
Incorporez à leur mousse
715   Un jus de cédrat choisi;
Versez-y
Un bon lait d'amande douce;

Mettez de la pâte à flan
Dans le flanc
720   De moules à tartelette;
D'un doigt preste, abricotez
Les côtés;
Versez goutte à gouttelette

Votre mousse en ces puits, puis
725   Que ces puits
Passent au four, et, blondines,
Sortant en gais troupelets,
Ce sont les
Tartelettes amandines!

LES POÈTES, *la bouche pleine*

730 Exquis! Délicieux!

UN POÈTE, *s'étouffant*

Homph!

Ils remontent vers le fond, en mangeant. Cyrano qui a observé s'avance vers Ragueneau.

CYRANO

Bercés par ta voix,
Ne vois-tu pas comme ils s'empiffrent?

RAGUENEAU, *plus bas, avec un sourire*

Je le vois...
Sans regarder, de peur que cela ne les trouble ;
Et dire ainsi mes vers me donne un plaisir double,
Puisque je satisfais un doux faible que j'ai
735 Tout en laissant manger ceux qui n'ont pas mangé !

CYRANO, *lui frappant sur l'épaule*
Toi, tu me plais !...

Ragueneau va rejoindre ses amis. Cyrano le suit des yeux, puis, un peu brusquement

Hé là, Lise ?

Lise, en conversation tendre avec le mousquetaire, tressaille et descend vers Cyrano.

Ce capitaine...
Vous assiège ?

LISE, *offensée*
Oh ! mes yeux, d'une œillade hautaine,
Savent vaincre quiconque attaque mes vertus.

CYRANO
Euh ! pour des yeux vainqueurs, je les trouve
[battus.

LISE, *suffoquée*
740 Mais...

CYRANO, *nettement*
Ragueneau me plaît. C'est pourquoi, dame Lise,
Je défends que quelqu'un le ridicoculise.

LISE
Mais...

CYRANO, *qui a élevé la voix assez pour être entendu du galant*
A bon entendeur...

Il salue le mousquetaire, et va se mettre en observation, à la porte du fond, après avoir regardé l'horloge.

LISE, *au mousquetaire qui a simplement rendu son salut à Cyrano*

Vraiment, vous m'étonnez !...
Répondez... sur son nez...

LE MOUSQUETAIRE

Sur son nez... sur son nez...

Il s'éloigne vivement. Lise le suit.

CYRANO, *de la porte du fond, faisant signe à Ragueneau d'emme-*
ner les poètes

Pst!...

RAGUENEAU, *montrant aux poètes la porte de droite*

Nous serons bien mieux par là...

CYRANO, *s'impatientant*

Pst! pst!...

RAGUENEAU, *les entraînant*

Pour lire

745 Des vers...

PREMIER POÈTE, *désespéré, la bouche pleine*

Mais les gâteaux!...

DEUXIÈME POÈTE

Emportons-les!

Ils sortent tous derrière Ragueneau, processionnellement, et
après avoir fait une rafle de plateaux.

Scène V

CYRANO, ROXANE, LA DUÈGNE

CYRANO

Je tire

Ma lettre si je sens seulement qu'il y a
Le moindre espoir!...

Roxane, masquée, suivie de la duègne, paraît derrière le vitrage.
Il ouvre vivement la porte.

Entrez!...

Marchant sur la duègne.

Vous, deux mots, duègna!

LA DUÈGNE

Quatre.

CYRANO

Êtes-vous gourmande?

LA DUÈGNE

                                    A m'en rendre malade.

CYRANO, *prenant vivement des sacs de papier sur le comptoir*
  Bon. Voici deux sonnets de monsieur Benserade [1]...

LA DUÈGNE, *piteuse*
750 Heu!...

CYRANO

      ... que je vous remplis de darioles [2].

LA DUÈGNE, *changeant de figure*

                                              Hou!

CYRANO
  Aimez-vous le gâteau qu'on nomme petit chou?

LA DUÈGNE, *avec dignité*
  Monsieur, j'en fais état, lorsqu'il est à la crème.

CYRANO
  J'en plonge six pour vous dans le sein d'un poème
  De Saint-Amant! Et dans ces vers de Chapelain [3]
755 Je dépose un fragment, moins lourd, de poupelin.
  — Ah! Vous aimez les gâteaux frais?

LA DUÈGNE

                                        J'en suis férue!

CYRANO, *lui chargeant les bras de sacs remplis*
  Veuillez aller manger tous ceux-ci dans la rue.

LA DUÈGNE
  Mais...

CYRANO, *la poussant dehors*
        Et ne revenez qu'après avoir fini!
  *Il referme la porte, redescend vers Roxane, et s'arrête, découvert,
  à une distance respectueuse.*

---

1. Benserade (1612-1691), poète mondain très affecté, rival de
Voiture. 2. Darioles : petits gâteaux à la crème. 3. Saint-Amant
(1594-1661), ce poète joyeux et fantastique, à la vie aventureuse,
est des plus « romantiques » de l'époque de Louis XIII, et Gautier
lui a consacré comme à Théophile un chapitre des *Grotesques*.
Jean Chapelain (1595-1670) y figure aussi, sans doute comme
ennemi de Boileau. Il aurait inspiré à Richelieu l'idée de l'Académie française.

Scène VI

CYRANO, ROXANE, LA DUÈGNE, *un instant*

CYRANO

Que l'instant entre tous les instants soit béni,
760 Où, cessant d'oublier qu'humblement je respire,
Vous venez jusqu'ici pour me dire... me dire?...

ROXANE, *qui s'est démasquée*

Mais tout d'abord merci, car ce drôle, ce fat
Qu'au brave jeu d'épée, hier, vous avez fait mat,
C'est lui qu'un grand seigneur... épris de moi...

CYRANO

De Guiche.

ROXANE, *baissant les yeux*

765 Cherchait à m'imposer... comme mari...

CYRANO

Postiche?

Saluant.

Je me suis donc battu, madame, et c'est tant mieux,
Non pour mon vilain nez, mais bien pour vos
[beaux yeux.

ROXANE

Puis... je voulais... Mais pour l'aveu que je viens
[faire,
Il faut que je revoie en vous le... presque frère,
770 Avec qui je jouais, dans le parc — près du lac!...

CYRANO

Oui... vous veniez tous les étés à Bergerac[1]!...

ROXANE

Les roseaux fournissaient le bois pour vos épées...

CYRANO

Et les maïs, les cheveux blonds pour vos poupées!

ROXANE

C'était le temps des jeux...

---

1. Rappelons que Cyrano et Magdeleine Robin ignorèrent la Gascogne.

CYRANO

                    Des mûrons aigrelets...

ROXANE

775 Le temps où vous faisiez tout ce que je voulais!...

CYRANO

Roxane, en jupons courts, s'appelait Madeleine...

ROXANE

J'étais jolie, alors?

CYRANO

                    Vous n'étiez pas vilaine.

ROXANE

Parfois, la main en sang de quelque grimpement,
Vous accouriez! — Alors, jouant à la maman,
780 Je disais d'une voix qui tâchait d'être dure :

Elle lui prend la main.

« Qu'est-ce que c'est encor que cette égratignure? »

Elle s'arrête stupéfaite.

Oh! C'est trop fort! Et celle-ci!

Cyrano veut retirer sa main.

                    Non! Montrez-la!
Hein? à votre âge, encor! — Où t'es-tu fait cela?

CYRANO

En jouant, du côté de la porte de Nesle.

ROXANE, *s'asseyant à une table, et trempant son mouchoir dans
     un verre d'eau*

785 Donnez!

CYRANO, *s'asseyant aussi*

                    Si gentiment! Si gaiement maternelle!

ROXANE

Et, dites-moi, — pendant que j'ôte un peu le sang, —
Ils étaient contre vous?

CYRANO

                    Oh! pas tout à fait cent.

ROXANE
  Racontez!

CYRANO
       Non. Laissez. Mais vous, dites la chose
Que vous n'osiez tantôt me dire...

ROXANE, *sans quitter sa main*
               A présent j'ose,
790 Car le passé m'encouragea de son parfum!
  Oui, j'ose maintenant. Voilà. J'aime quelqu'un.

CYRANO
  Ah!...

ROXANE
     Qui ne le sait pas d'ailleurs.

CYRANO
                    Ah!...

ROXANE
                     Pas encore.

CYRANO
  Ah!...

ROXANE
     Mais qui va bientôt le savoir, s'il l'ignore.

CYRANO
  Ah!...

ROXANE
     Un pauvre garçon qui jusqu'ici m'aima
795 Timidement, de loin, sans oser le dire...

CYRANO
                    Ah!...

ROXANE
  Laissez-moi votre main, voyons, elle a la fièvre. —
  Mais moi j'ai vu trembler les aveux sur sa lèvre.

CYRANO
  Ah!...

ROXANE, *achevant de lui faire un petit bandage avec son mouchoir*
     Et figurez-vous, tenez, que, justement,
  Oui, mon cousin, il sert dans votre régiment!

CYRANO
800 Ah !...

ROXANE, *riant*
Puisqu'il est cadet dans votre compagnie !

CYRANO
Ah !...

ROXANE
Il a sur son front de l'esprit, du génie,
Il est fier, noble, jeune, intrépide, beau...

CYRANO, *se levant tout pâle*
Beau !

ROXANE
Quoi ? Qu'avez-vous ?

CYRANO
Moi, rien... C'est... c'est...
Il montre sa main, avec un sourire.
C'est ce bobo.

ROXANE
Enfin, je l'aime. Il faut d'ailleurs que je vous die
805 Que je ne l'ai jamais vu qu'à la Comédie...

CYRANO
Vous ne vous êtes donc pas parlé ?

ROXANE
Nos yeux seuls.

CYRANO
Mais comment savez-vous, alors ?

ROXANE
Sous les tilleuls
De la place Royale, on cause... Des bavardes
M'ont renseignée...

CYRANO

Il est cadet?

ROXANE

Cadet aux gardes.

CYRANO

810 Son nom?

ROXANE

Baron Christian de Neuvillette.

CYRANO

Hein?...

Il n'est pas aux cadets.

ROXANE

Si, depuis ce matin :
Capitaine Carbon de Castel-Jaloux.

CYRANO

Vite,
Vite, on lance son cœur!... Mais ma pauvre petite...

LA DUÈGNE, *ouvrant la porte du fond*
J'ai fini les gâteaux, monsieur de Bergerac!

CYRANO

815 Eh bien! lisez les vers imprimés sur le sac!
La duègne disparaît.

... Ma pauvre enfant, vous qui n'aimez que beau
[langage,
Bel esprit, — si c'était un profane, un sauvage.

ROXANE

Non, il a les cheveux d'un héros de d'Urfé [1]!

CYRANO

S'il était aussi maldisant que bien coiffé!

ROXANE

820 Non, tous les mots qu'il dit sont fins, je le devine!

---

1. Honoré d'Urfé (1557-1625) est l'auteur de *L'Astrée* (1607-1625).
Cette longue pastorale romanesque cristallisa l'imagination littéraire de la première moitié du XVIIe siècle. Rostand, en 1887, avait
remporté un prix de l'Académie de Marseille pour une étude :
Deux romanciers de Provence : Honoré d'Urfé et Émile Zola.

CYRANO

Oui, tous les mots sont fins quand la moustache
[est fine.
— Mais si c'était un sot!...

ROXANE, *frappant du pied*

Eh bien! j'en mourrais, là!

CYRANO, *après un temps*

Vous m'avez fait venir pour me dire cela?
Je n'en sens pas très bien l'utilité, madame.

ROXANE

825 Ah! c'est que quelqu'un hier m'a mis la mort dans
[l'âme,
En me disant que tous, vous êtes tous Gascons [1]
Dans votre compagnie...

CYRANO

Et que nous provoquons
Tous les blancs-becs qui, par faveur, se font
[admettre
Parmi les purs Gascons que nous sommes, sans
[l'être?
830 C'est ce qu'on vous a dit?

ROXANE

Et vous pensez si j'ai
Tremblé pour lui!

CYRANO, *entre ses dents*

Non sans raison!

ROXANE

Mais j'ai songé
Lorsque invincible et grand, hier, vous nous
[apparûtes,

1. Le Bret écrit de Cyrano : « Les Gascons qui composaient
presque seuls cette compagnie [celle de Carbon de Casteljaloux],
le considéraient comme le démon de la bravoure, et en comp-
taient autant de combats que de jours qu'il y était entré. »

Châtiant ce coquin, tenant tête à ces brutes, —
J'ai songé : s'il voulait, lui que tous ils craindront...

CYRANO

835 C'est bien, je défendrai votre petit baron.

ROXANE

Oh! n'est-ce pas que vous allez me le défendre?
J'ai toujours eu pour vous une amitié si tendre.

CYRANO

Oui, oui.

ROXANE

Vous serez son ami?

CYRANO

Je le serai.

ROXANE

Et jamais il n'aura de duel?

CYRANO

C'est juré.

ROXANE

840 Oh! je vous aime bien. Il faut que je m'en aille.

*Elle remet vivement son masque, une dentelle sur son front, et,
distraitement*

Mais vous ne m'avez pas raconté la bataille
De cette nuit. Vraiment ce dut être inouï!...
— Dites-lui qu'il m'écrive.

Elle lui envoie un petit baiser de la main.

Oh! je vous aime!

CYRANO

Oui, oui.

ROXANE

Cent hommes contre vous? Allons, adieu. — Nous
[sommes

845 De grands amis!

CYRANO

Oui, oui.

ROXANE

       Qu'il m'écrive! — Cent hommes! —
Vous me direz plus tard. Maintenant, je ne puis.
Cent hommes! Quel courage!

CYRANO, *la saluant*

       Oh! j'ai fait mieux depuis.
Elle sort. Cyrano reste immobile, les yeux à terre. Un silence. La
porte de droite s'ouvre, Ragueneau passe sa tête.

Scène VII

CYRANO, RAGUENEAU, les Poètes, CARBON DE
CASTEL-JALOUX, les Cadets, la Foule, *etc., puis*
DE GUICHE

RAGUENEAU
  Peut-on rentrer?

CYRANO, *sans bouger*

      Oui...
Ragueneau fait signe et ses amis rentrent. En même temps, à la
porte du fond paraît Carbon de Castel-Jaloux, costume de capi-
taine aux gardes, qui fait de grands gestes en apercevant Cyrano.

CARBON DE CASTEL-JALOUX
      Le voilà!

CYRANO, *levant la tête*

       Mon capitaine!...

CARBON, *exultant*
  Notre héros! Nous savons tout! Une trentaine
850 De mes cadets sont là!...

CYRANO, *reculant*

      Mais...

CARBON, *voulant l'entraîner*

Viens! on veut te voir!

CYRANO
  Non!

CARBON
      Ils boivent en face, à *la Croix du Trahoir*[1].

CYRANO
  Je...

CARBON, *remontant à la porte, et criant à la cantonade, d'une voix de tonnerre.*
      Le héros refuse. Il est d'humeur bourrue!

UNE VOIX, *au-dehors*
  Ah! Sandious!
    Tumulte au-dehors, bruit d'épées et de bottes qui se rapprochent.

CARBON, *se frottant les mains*
              Les voici qui traversent la rue!...

LES CADETS, *entrant dans la rôtisserie*
  Mille dious! — Capdedious! — Mordious! —
                            [Pocapdedious!

RAGUENEAU, *reculant, épouvanté*
855 Messieurs, vous êtes donc tous de Gascogne!

LES CADETS

                              Tous!

UN CADET, *à Cyrano*
  Bravo!

CYRANO
      Baron!

1. Détail exact, selon l'*Histoire des hôtelleries* de Michel et Fournier.

UN AUTRE, *lui secouant les mains*
                    Vivat!

CYRANO
                    Baron!

TROISIÈME CADET
                              Que je t'embrasse!

CYRANO
    Baron!...

PLUSIEURS GASCONS
            Embrassons-le!

CYRANO, *ne sachant auquel répondre*
                    Baron... baron... de grâce...

RAGUENEAU
    Vous êtes tous barons, Messieurs?

LES CADETS
                              Tous!

RAGUENEAU
                              Le sont-ils?...

PREMIER CADET
    On ferait une tour rien qu'avec nos tortils [1]!

LE BRET, *entrant, et courant à Cyrano*
860 On te cherche! Une foule en délire conduite
    Par ceux qui cette nuit marchèrent à ta suite...

CYRANO, *épouvanté*
    Tu ne leur as pas dit où je me trouve?...

LE BRET, *se frottant les mains*
                              Si!

UN BOURGEOIS, *entrant suivi d'un groupe*
    Monsieur, tout le Marais [2] se fait porter ici!
    Au-dehors la rue s'est remplie de monde. Des chaises à porteurs,
    des carrosses s'arrêtent.

---

1. Le tortil est le ruban qui s'enroule autour de la couronne du
baron. Tous les Gascons sont barons, tous les courtisans marquis.
Les marquis, depuis Molière, passent pour ridiculement mon-
dains, réputation que n'ont point au même degré les barons. Le
Sigognac du *Capitaine Fracasse* est baron famélique et militaire.
2. Le Marais était le quartier des hôtels de l'aristocratie. Roxane y
habite.

LE BRET, *bas, souriant, à Cyrano*
Et Roxane?

CYRANO, *vivement*
      Tais-toi!

LA FOULE, *criant dehors*
      Cyrano!...
Une cohue se précipite dans la pâtisserie. Bousculade. Acclamations.

RAGUENEAU, *debout sur une table*
             Ma boutique
865 Est envahie! On casse tout! C'est magnifique!

DES GENS, *autour de Cyrano*
Mon ami... mon ami...

CYRANO
        Je n'avais pas hier
Tant d'amis!...

LE BRET, *ravi*
    Le succès!

UN PETIT MARQUIS, *accourant, les mains tendues*
        Si tu savais, mon cher...

CYRANO
Si tu?... Tu?... Qu'est-ce donc qu'ensemble nous
              [gardâmes?

UN AUTRE
Je veux vous présenter, Monsieur, à quelques dames
870 Qui là, dans mon carrosse...

CYRANO, *froidement*
           Et vous d'abord, à moi
Qui vous présentera?

LE BRET, *stupéfait*
      Mais qu'as-tu donc?

CYRANO
           Tais-toi!

UN HOMME DE LETTRES, *avec une écritoire*
  Puis-je avoir des détails sur ?...

CYRANO

                              Non.

LE BRET, *le poussant du coude*

                              C'est Théophraste
Renaudot [1] ! l'inventeur de la gazette.

CYRANO

                              Baste !

LE BRET
  Cette feuille où l'on fait tant de choses tenir !
875 On dit que cette idée a beaucoup d'avenir !

UN POÈTE, *s'avançant*
  Monsieur...

CYRANO

              Encor !

LE POÈTE

                    Je veux faire un pentacrostiche [2]
  Sur votre nom...

QUELQU'UN, *s'avançant encore*
                    Monsieur...

CYRANO

                    Assez !
  Mouvement. On se range. De Guiche paraît escorté d'officiers.
  Cuigy, Brissaille, les officiers qui sont partis avec Cyrano à la fin
  du premier acte. Cuigy vient vivement à Cyrano.

CUIGY, *à Cyrano*

                              Monsieur de Guiche
  Murmure. Tout le monde se range.

1. Le médecin Théophraste Renaudot (1586-1653) importa en
1631 l'usage vénitien des gazettes à un sou (*gazetta* est une petite
monnaie). Il prit en 1635 la direction du *Mercure français* (cf. le
vers 995). 2. L'acrostiche est un poème dont les initiales de
chaque vers, lues de haut en bas, composent le nom de dédicataire. Un pentacrostiche multiplie par cinq la difficulté, en repro-
duisant cinq fois cette lecture verticale, partageant le poème en
cinq compartiments parallèles.

Vient de la part du maréchal de Gassion [1]!

DE GUICHE, *saluant Cyrano*
  ... Qui tient à vous mander son admiration
880 Pour le nouvel exploit dont le bruit vient de
                                          [courre.

LA FOULE
  Bravo!

CYRANO, *s'inclinant*
        Le maréchal s'y connaît en bravoure.

DE GUICHE
  Il n'aurait jamais cru le fait si ces messieurs
  N'avaient pu lui jurer l'avoir vu.

CUIGY
                            De nos yeux!

LE BRET, *bas à Cyrano, qui a l'air absent*
  Mais...

CYRANO
        Tais-toi!

LE BRET
              Tu parais souffrir!

CYRANO, *tressaillant et se redressant vivement*
                     Devant ce monde?...

  Sa moustache se hérisse; il poitrine.
885 Moi souffrir?... Tu vas voir!

DE GUICHE, *auquel Cuigy a parlé à l'oreille*
                       Votre carrière abonde
  De beaux exploits, déjà. — Vous servez chez ces fous
  De Gascons, n'est-ce pas?

1. Jean de Gassion, maréchal de France, s'intéressa, selon Le Bret, à la bravoure de Cyrano. Ce huguenot fut un des plus braves soldats de son temps, servit sous Gustave-Adolphe, et sur les champs de bataille de la guerre de Trente Ans. Il contribua à la victoire de Rocroy (1643). Mestre de camp général de la cavalerie en 1641, il fut fait maréchal en même temps que Turenne. Tué à Lens en 1647.

CYRANO

Aux cadets, oui.

UN CADET, *d'une voix terrible*

Chez nous!

DE GUICHE, *regardant les Gascons, rangés derrière Cyrano*
Ah! ah!... Tous ces messieurs à la mine hautaine,
Ce sont donc les fameux?...

CARBON DE CASTEL-JALOUX

Cyrano!

CYRANO

Capitaine?

CARBON
890 Puisque ma compagnie est, je crois, au complet,
Veuillez la présenter au comte, s'il vous plaît.

CYRANO, *faisant deux pas vers de Guiche, et montrant les cadets*
Ce sont les cadets de Gascogne
De Carbon de Castel-Jaloux;
Bretteurs et menteurs sans vergogne,
895 Ce sont les cadets de Gascogne!
Parlant blason, lambel, bastogne [1]
Tous plus nobles que des filous,
Ce sont les cadets de Gascogne
De Carbon de Castel-Jaloux [2]:

900 Œil d'aigle, jambe de cigogne,
Moustache de chat, dents de loups,
Fendant la canaille qui grogne,
Œil d'aigle, jambe de cigogne,
Ils vont, — coiffés d'un vieux vigogne [3]
905 Dont la plume cache les trous! —
Œil d'aigle, jambe de cigogne,

1. « Lambel », terme de blason (voir Boileau, sat. V), indique la branche cadette d'une maison. « Baston » (bâton) a un emploi voisin en héraldique, mais « bastogne »? 2. Voici des triolets (voir note au vers 81). 3. Ce lama du Pérou donne une laine fine, dont on faisait des chapeaux.

Moustache de chat, dents de loups!

Perce-Bedaine et Casse-Trogne
Sont leurs sobriquets les plus doux;
910 De gloire, leur âme est ivrogne!
Perce-Bedaine et Casse-Trogne,
Dans tous les endroits où l'on cogne
Ils se donnent des rendez-vous...
Perce-Bedaine et Casse-Trogne
915 Sont leurs sobriquets les plus doux!

Voici les cadets de Gascogne
Qui font cocus tous les jaloux!
Ô femme, adorable carogne,
Voici les cadets de Gascogne!
920 Que le vieil époux se renfrogne:
Sonnez, clairons! chantez, coucous!
Voici les cadets de Gascogne
Qui font cocus tous les jaloux!

DE GUICHE, *nonchalamment assis dans un fauteuil que Ragueneau a vite apporté*
    Un poète est un luxe, aujourd'hui, qu'on se donne.
925 — Voulez-vous être à moi?

CYRANO

                            Non, Monsieur, à personne.

DE GUICHE
    Votre verve amusa mon oncle Richelieu,
    Hier. Je veux vous servir auprès de lui.

LE BRET, *ébloui*

                                        Grand Dieu!

DE GUICHE
    Vous avez bien rimé cinq actes, j'imagine?

LE BRET, *à l'oreille de Cyrano*
    Tu vas faire jouer, mon cher, ton *Agrippine* [1]!

1. *La Mort d'Agrippine*, seule tragédie de Cyrano, fut représentée à l'Hôtel de Bourgogne dans l'hiver 1653-1654. Le public (sur la réputation de libre penseur de l'écrivain) trouva, dit-on, suspectes certaines maximes, et se serait indigné du vers « Frappe, voilà l'hostie »... (où « hostie » était un latinisme pour « victime »). Cette pièce fut donnée le 10 novembre 1872 au théâtre de la Gaîté le temps d'une représentation.

DE GUICHE
930 Portez-les-lui.

CYRANO, *tenté et un peu charmé*
          Vraiment...

DE GUICHE
                    Il est des plus experts.
Il vous corrigera seulement quelques vers...

CYRANO, *dont le visage s'est immédiatement rembruni*
Impossible, Monsieur; mon sang se coagule
En pensant qu'on y peut changer une virgule.

DE GUICHE
Mais quand un vers lui plaît, en revanche, mon cher,
935 Il le paye très cher.

CYRANO
                    Il le paye moins cher
Que moi, lorsque j'ai fait un vers, et que je l'aime,
Je me le paye, en me le chantant à moi-même!

DE GUICHE
Vous êtes fier.

CYRANO
                    Vraiment, vous l'avez remarqué?

UN CADET, *entrant avec, enfilés à son épée, des chapeaux aux*
          plumets miteux, aux coiffes trouées, défoncées
Regarde, Cyrano! ce matin, sur le quai,
940 Le bizarre gibier à plumes que nous prîmes!
Les feutres des fuyards!...

CARBON
                    Des dépouilles opimes!

TOUT LE MONDE, *riant*
Ah! Ah! Ah!

CUIGY
                    Celui qui posta ces gueux, ma foi,
Doit rager aujourd'hui.

BRISSAILLE

             Sait-on qui c'est?

DE GUICHE

                           C'est moi.

    Les rires s'arrêtent.

Je les avais chargés de châtier, — besogne
945 Qu'on ne fait pas soi-même, — un rimailleur
                               [ivrogne.

    Silence gêné.

LE CADET, *à mi-voix, à Cyrano, lui montrant les feutres*
Que faut-il qu'on en fasse? Ils sont gras... Un
                                [salmis?

CYRANO, *prenant l'épée où ils sont enfilés, et les faisant, dans un*
    salut, tous glisser aux pieds de De Guiche
Monsieur, si vous voulez les rendre à vos amis?

DE GUICHE, *se levant et d'une voix brève*
Ma chaise et mes porteurs, tout de suite : je monte.

    A Cyrano, violemment.

Vous, Monsieur!...

UNE VOIX, *dans la rue, criant*
              Les porteurs de monseigneur le comte
950 De Guiche!

DE GUICHE, *qui s'est dominé, avec un sourire*
          ... Avez-vous lu *Don Quichot* [1]?

CYRANO

                      Je l'ai lu,
Et me découvre au nom de cet hurluberlu.

---

1. *Don Quichotte* (1605) était très admiré en France, où il fut vite traduit. Scarron le cite dans *Le Roman comique* et peu d'écrivains l'ignorent sous Louis XIII. Rostand s'est trompé de chapitre (celui des moulins est le huitième), à moins qu'il ne se réfère peut-être à une édition ancienne qui nous est inconnue. Don Quichotte est évidemment une clef pour Cyrano.

DE GUICHE
  Veuillez donc méditer alors...

UN PORTEUR, *paraissant au fond*
                                Voici la chaise.

DE GUICHE
  Sur le chapitre des moulins!

CYRANO, *saluant*
                                Chapitre treize.

DE GUICHE
  Car lorsqu'on les attaque, il arrive souvent...

CYRANO
955 J'attaque donc des gens qui tournent à tout vent?

DE GUICHE
  Qu'un moulinet de leurs grands bras chargés de
                                                [toiles
    Vous lance dans la boue!...

CYRANO
                        Ou bien dans les étoiles!
  *De Guiche sort. On le voit remonter en chaise. Les seigneurs
  s'éloignent en chuchotant. Le Bret les réaccompagne. La foule
  sort.*

Scène VIII

CYRANO, LE BRET, LES CADETS, *qui se sont
attablés à droite et à gauche et auxquels on sert à
boire et à manger*

CYRANO, *saluant d'un air goguenard ceux qui sortent sans oser
  le saluer*
  Messieurs... Messieurs... Messieurs...

LE BRET, *désolé, redescendant, les bras au ciel*
                        Ah! dans quels jolis draps...

CYRANO
  Oh! toi! tu vas grogner!

LE BRET
                                Enfin, tu conviendras

960 Qu'assassiner toujours la chance passagère,
Devient exagéré.

CYRANO

Eh bien oui, j'exagère !

LE BRET, *triomphant*
Ah !

CYRANO

Mais pour le principe, et pour l'exemple aussi [1],
Je trouve qu'il est bon d'exagérer ainsi.

LE BRET
Si tu laissais un peu ton âme mousquetaire,
965 La fortune et la gloire...

CYRANO

Et que faudrait-il faire ?
Chercher un protecteur puissant, prendre un
[patron [2],
Et comme un lierre obscur qui circonvient un tronc
Et s'en fait un tuteur en lui léchant l'écorce,
Grimper par ruse au lieu de s'élever par force ?
970 Non, merci ! Dédier, comme tous ils le font,
Des vers aux financiers ? se changer en bouffon
Dans l'espoir vil de voir, aux lèvres d'un ministre,
Naître un sourire, enfin, qui ne soit pas sinistre ?
Non, merci ! Déjeuner, chaque jour, d'un crapaud ?
975 Avoir un ventre usé par la marche ? une peau
Qui plus vite, à l'endroit des genoux, devient sale ?
Exécuter des tours de souplesse dorsale ?...
Non, merci ! D'une main flatter la chèvre au cou
Cependant que, de l'autre, on arrose le chou,

1. Le principe et l'exemple, opposés à la fortune et à la gloire (vers 965 et 1004), tel est le message apparent de *Cyrano*, amené par la mention de don Quichotte. 2. À lire Charles Sorel, Régnier, Saint-Amant et bien d'autres, prendre ou non un protecteur semble vraiment un dilemme inhérent à la condition de l'écrivain. Scarron pensionné se proclamait « malade de la reine », Boisrobert avait pour patron Richelieu, etc. Naturellement cette déclaration de fière indépendance peut souffrir toutes les applications qu'on voudra.

980 Et donneur de séné par désir de rhubarbe [1],
Avoir son encensoir, toujours, dans quelque barbe?
Non, merci! Se pousser de giron en giron,
Devenir un petit grand homme dans un rond [2],
Et naviguer, avec des madrigaux pour rames,
985 Et dans ses voiles des soupirs de vieilles dames?
Non, merci! Chez le bon éditeur de Sercy [3]
Faire éditer ses vers en payant? Non, merci!
S'aller faire nommer pape par les conciles
Que dans des cabarets tiennent des imbéciles [4]?
990 Non, merci! Travailler à se construire un nom
Sur un sonnet, au lieu d'en faire d'autres? Non,
Merci! Ne découvrir du talent qu'aux mazettes?
Être terrorisé par de vagues gazettes,
Et se dire sans cesse: « Oh! pourvu que je sois
995 Dans les petits papiers du *Mercure François* [5] »?...
Non, merci! Calculer, avoir peur, être blême,
Préférer faire une visite qu'un poème,
Rédiger des placets, se faire présenter?
Non, merci! non, merci! non, merci! Mais...

[chanter,

1000 Rêver, rire, passer, être seul, être libre,
Avoir l'œil qui regarde bien, la voix qui vibre,
Mettre, quand il vous plaît, son feutre de travers,

1. « Passez-moi le séné, voici la rhubarbe », expression proverbiale. En médecine, séné et rhubarbe sont deux purgatifs.
2. « Rond » : coterie mondaine (*rond* au sens de *cercle* est usuel au XVIIᵉ siècle). Allusion à l'Hôtel de Rambouillet ou à d'autres salons littéraires du temps, mais aussi bien aux divers chapelles et salons de la fin du XIXᵉ siècle (Mme Adam, Mme de Caillavet, etc.).
3. Sercy fut l'éditeur de Cyrano, entre autres. Au journaliste Arnyvelde (*Annales* du 9 mars 1913), Rostand confia qu'il visait Lemerre, l'éditeur de ses *Musardises*. 4. La tradition des cafés littéraires ne s'est pas interrompue, et Rostand (*Annales* du 9 mars 1913) avoue qu'il vise ces élections « de princes des poètes, des comédiens, qui ont, ces temps-ci, refleuri ». 5. Le premier volume du *Mercure français*, chronique des événements de 1605 à 1610, fut publié en 1611 par Jean Richer. On voit que ce n'est nullement un journal, et qu'il n'atteint pas même au début la périodicité annuelle. Richelieu le fit diriger par le père Joseph, puis par Théophraste Renaudot.

Pour un oui, pour un non, se battre, — ou faire un
[vers !
1005 Travailler sans souci de gloire ou de fortune,
A tel voyage, auquel on pense, dans la lune !
N'écrire jamais rien qui de soi ne sortît,
Et modeste d'ailleurs, se dire : mon petit,
Sois satisfait des fleurs, des fruits, même des
[feuilles,
Si c'est dans ton jardin à toi que tu les cueilles !
1010 Puis, s'il advient d'un peu triompher, par hasard,
Ne pas être obligé d'en rien rendre à César,
Vis-à-vis de soi-même en garder le mérite,
Bref, dédaignant d'être le lierre parasite,
Lors même qu'on n'est pas le chêne ou le tilleul,
1015 Ne pas monter bien haut, peut-être, mais tout seul !

LE BRET

Tout seul, soit ! mais non pas contre tous !
[Comment diable
As-tu donc contracté la manie effroyable
De te faire toujours, partout, des ennemis ?

CYRANO

A force de vous voir vous faire des amis,
1020 Et rire à ces amis dont vous avez des foules,
D'une bouche empruntée au derrière des poules !
J'aime raréfier sur mes pas les saluts,
Et m'écrie avec joie : un ennemi de plus !

LE BRET

Quelle aberration !

CYRANO

Eh bien ! oui, c'est mon vice.
1025 Déplaire est mon plaisir. J'aime qu'on me haïsse.
Mon cher, si tu savais comme l'on marche mieux
Sous la pistolétade excitante des yeux !
Comme, sur les pourpoints, font d'amusantes
[taches
Le fiel des envieux et la bave des lâches !
1030 — Vous, la molle amitié dont vous vous entourez,
Ressemble à ces grands cols d'Italie, ajourés
Et flottants, dans lesquels votre cou s'effémine :

On y est plus à l'aise... et de moins haute mine,
Car le front n'ayant pas de maintien ni de loi,
1035 S'abandonne à pencher dans tous les sens. Mais
[moi,
La Haine, chaque jour, me tuyaute et m'apprête
La fraise dont l'empois force à lever la tête;
Chaque ennemi de plus est un nouveau godron [1]
Qui m'ajoute une gêne, et m'ajoute un rayon :
1040 Car, pareille en tous points à la fraise espagnole,
La Haine est un carcan, mais c'est une auréole!

LE BRET, *après un silence, passant son bras sous le sien*
Fais tout haut l'orgueilleux et l'amer, mais, tout bas,
Dis-moi tout simplement qu'elle ne t'aime pas!

CYRANO, *vivement*
Tais-toi!

*Depuis un moment, Christian est entré, s'est mêlé aux cadets;
ceux-ci ne lui adressent pas la parole; il a fini par s'asseoir seul
à une petite table, où Lise le sert.*

Scène IX

CYRANO, LE BRET, LES CADETS, CHRISTIAN DE NEUVILLETTE

UN CADET, *assis à une table du fond, le verre en main*
Hé! Cyrano!

Cyrano se retourne.

Le récit?

CYRANO

Tout à l'heure!

Il remonte au bras de Le Bret. Ils causent bas.

LE CADET, *se levant, et descendant*
1045 Le récit du combat! Ce sera la meilleure
Leçon

Il s'arrête devant la table où est Christian.

pour ce timide apprentif!

---

1. Grâce à un fer rond, on repassait en forme de cylindres
(« tuyauter ») les godrons empesés des fraises.

CHRISTIAN, *levant la tête*

Apprentif?

UN AUTRE CADET
Oui, septentrional maladif!

CHRISTIAN

Maladif?

PREMIER CADET, *goguenard*
Monsieur de Neuvillette, apprenez quelque chose :
C'est qu'il est un objet, chez nous, dont on ne
[cause
1050 Pas plus que de cordon dans l'hôtel d'un pendu!

CHRISTIAN
Qu'est-ce?

UN AUTRE CADET, *d'une voix terrible*
Regardez-moi!

Il pose trois fois, mystérieusement, son doigt sur son nez.

M'avez-vous entendu?

CHRISTIAN
Ah! c'est le...

UN AUTRE

Chut!... jamais ce mot ne se profère!

Il montre Cyrano qui cause au fond avec Le Bret.

Ou c'est à lui, là-bas, que l'on aurait affaire!

UN AUTRE, *qui, pendant qu'il était tourné vers les premiers, est
venu sans bruit s'asseoir sur la table, dans son dos*
Deux nasillards par lui furent exterminés
1055 Parce qu'il lui déplut qu'ils parlassent du nez!

UN AUTRE, *d'une voix caverneuse, — surgissant de sous la table
où il s'est glissé à quatre pattes*
On ne peut faire, sans défuncter avant l'âge,
La moindre allusion au fatal cartilage!

UN AUTRE, *lui posant la main sur l'épaule*
Un mot suffit! Que dis-je, un mot? Un geste, un seul!

Et tirer son mouchoir, c'est tirer son linceul !
Silence. Tous autour de lui, les bras croisés, le regardent. Il se
lève et va à Carbon de Castel-Jaloux qui, causant avec un
officier, a l'air de ne rien voir.

CHRISTIAN
1060 Capitaine !

CARBON, *se retournant et le toisant*
                    Monsieur ?

CHRISTIAN
                              Que fait-on quand on trouve
Des Méridionaux trop vantards ?...

CARBON
                                        On leur prouve
Qu'on peut être du Nord, et courageux.
        Il lui tourne le dos.

CHRISTIAN
                                        Merci.

PREMIER CADET, *à Cyrano*
Maintenant, ton récit !

TOUS
                    Son récit !

CYRANO, *redescendant vers eux*
                              Mon récit [1] ?...

Tous rapprochent leurs escabeaux, se groupent autour de lui,
tendent le col. Christian s'est mis à cheval sur une chaise.

Eh bien ! donc je marchais tout seul, à leur
                                        [rencontre.
1065 La lune, dans le ciel, luisait comme une montre,
Quand soudain, je ne sais quel soigneux horloger
S'étant mis à passer un coton nuager

---

1. Ce récit repose sur une anecdote contée par Le Bret : « Je t'en
particulariserais quelques combats qui n'étaient point des duels,
comme fut celui où de cent hommes attroupés pour insulter en
plein jour à un de ses amis sur le fossé de la porte de Nesle, deux
par leur mort, et sept autres par de grandes blessures, payèrent la
peine de leur mauvais dessein. »

Sur le boîtier d'argent de cette montre ronde,
Il se fit une nuit la plus noire du monde,
1070 Et les quais n'étant pas du tout illuminés,
Mordious! on n'y voyait pas plus loin...

CHRISTIAN

Que son nez.

Silence. Tout le monde se lève lentement. On regarde Cyrano avec terreur. Celui-ci s'est interrompu, stupéfait. Attente.

CYRANO
Qu'est-ce que c'est que cet homme-là?

UN CADET, *à mi-voix*

C'est un homme

Arrivé ce matin.

CYRANO, *faisant un pas vers Christian*
Ce matin?

CARBON, *à mi-voix*

Il se nomme

Le baron de Neuvil...

CYRANO, *vivement, s'arrêtant*

Ah! c'est bien...

Il pâlit, rougit, a encore un mouvement pour se jeter sur Christian.

Je...

Puis, il se domine, et dit d'une voix sourde.

Très bien...

Il reprend.
1075 Je disais donc...

Avec un éclat de rage dans la voix.

Mordious!...

Il continue d'un ton naturel.

que l'on n'y voyait rien.

Stupeur. On se rassied en se regardant.

Et je marchais, songeant que pour un gueux fort
[mince

J'allais mécontenter quelque grand, quelque prince,
Qui m'aurait sûrement...

CHRISTIAN

              Dans le nez...

Tout le monde se lève. Christian se balance sur sa chaise.

CYRANO, *d'une voix étranglée*

              Une dent, —
Qui m'aurait une dent... et qu'en somme,
              [imprudent,
1080 J'allais fourrer...

CHRISTIAN

        Le nez...

CYRANO

           Le doigt... entre l'écorce
Et l'arbre, car ce grand pouvait être de force
A me faire donner...

CHRISTIAN

            Sur le nez...

CYRANO, *essuyant la sueur à son front*

            Sur les doigts.
— Mais j'ajoutai : Marche, Gascon, fais ce que dois!
Va, Cyrano! Et ce disant, je me hasarde,
1085 Quand, dans l'ombre, quelqu'un me porte...

CHRISTIAN

              Une nasarde.

CYRANO

Je la pare et soudain me trouve...

CHRISTIAN

              Nez à nez...

CYRANO, *bondissant vers lui*
Ventre Saint-Gris!

*Tous les Gascons se précipitent pour voir; arrivé sur Christian,
il se maîtrise et continue.*

           avec cent braillards avinés
Qui puaient...

CHRISTIAN
                    A plein nez...

CYRANO, *blême et souriant*
                         L'oignon et la litharge[1]!
Je bondis, front baissé...

CHRISTIAN
                    Nez au vent!

CYRANO
                              et je charge!
1090 J'en estomaque deux! J'en empale un tout vif!
Quelqu'un m'ajuste: Paf! et je riposte...

CHRISTIAN
                              Pif!

CYRANO, *éclatant*
    Tonnerre! Sortez tous!
        Tous les cadets se précipitent vers les portes.

PREMIER CADET
                    C'est le réveil du tigre!

CYRANO
    Tous! Et laissez-moi seul avec cet homme!

DEUXIÈME CADET
                              Bigre!

    On va le retrouver en hachis!

RAGUENEAU
                    En hachis?

UN AUTRE CADET
1095 Dans un de vos pâtés!

RAGUENEAU
                    Je sens que je blanchis,
Et que je m'amollis comme une serviette!

CARBON
    Sortons!

UN AUTRE
        Il n'en va pas laisser une miette!

1. Litharge: substance chimique (protoxyde de plomb) dont on
adultérait les vins de bas étage.

UN AUTRE
Ce qui va se passer ici, j'en meurs d'effroi !

UN AUTRE, *refermant la porte de droite*
Quelque chose d'épouvantable !

*Ils sont tous sortis, — soit par le fond, soit par les côtés, —
quelques-uns ont disparu par l'escalier. Cyrano et Christian
restent face à face, et se regardent un moment.*

Scène X
CYRANO, CHRISTIAN

CYRANO

                        Embrasse-moi !

CHRISTIAN
1100 Monsieur...

CYRANO

            Brave.

CHRISTIAN

                    Ah ça ! mais !...

CYRANO

                        Très brave. Je préfère.

CHRISTIAN
Me direz-vous ?...

CYRANO

                Embrasse-moi. Je suis son frère.

CHRISTIAN
De qui ?

CYRANO

        Mais d'elle !

CHRISTIAN

                Hein ?...

CYRANO

                        Mais de Roxane !

CHRISTIAN, *courant à lui*

Ciel!

Vous, son frère?

CYRANO

Ou tout comme : un cousin fraternel.

CHRISTIAN

Elle vous a?...

CYRANO

Tout dit!

CHRISTIAN

M'aime-t-elle?

CYRANO

Peut-être!

CHRISTIAN, *lui prenant les mains*

1105 Comme je suis heureux, Monsieur, de vous
                                        [connaître!

CYRANO

Voilà ce qui s'appelle un sentiment soudain.

CHRISTIAN

Pardonnez-moi...

CYRANO, *le regardant, et lui mettant la main sur l'épaule*

C'est vrai qu'il est beau, le gredin!

CHRISTIAN

Si vous saviez, Monsieur, comme je vous admire!

CYRANO

Mais tous ces nez que vous m'avez...

CHRISTIAN

Je les retire!

CYRANO

1110 Roxane attend ce soir une lettre...

CHRISTIAN

Hélas!

CYRANO

Quoi?

CHRISTIAN
　　C'est me perdre que de cesser de rester coi!

CYRANO
　　Comment?

CHRISTIAN
　　　　　　　Las! je suis sot à m'en tuer de honte!

CYRANO
　　Mais non, tu ne l'es pas puisque tu t'en rends
　　　　　　　　　　　　　　　　[compte.
　　D'ailleurs, tu ne m'as pas attaqué comme un sot.

CHRISTIAN
1115　Bah! on trouve des mots quand on monte à l'assaut!
　　Oui, j'ai certain esprit facile et militaire,
　　Mais je ne sais, devant les femmes, que me taire.
　　Oh! leurs yeux, quand je passe, ont pour moi des
　　　　　　　　　　　　　　　　[bontés...

CYRANO
　　Leurs cœurs n'en ont-ils plus quand vous vous
　　　　　　　　　　　　　　　　[arrêtez?

CHRISTIAN
1120　Non! car je suis de ceux, — je le sais... et je
　　　　　　　　　　　　　　　　[tremble! —
　　Qui ne savent parler d'amour.

CYRANO
　　　　　　　　　　　Tiens!... Il me semble
　　Que si l'on eût pris soin de me mieux modeler,
　　J'aurais été de ceux qui savent en parler.

CHRISTIAN
　　Oh! pouvoir exprimer les choses avec grâce!

CYRANO
1125　Être un joli petit mousquetaire qui passe!

CHRISTIAN
　　Roxane est précieuse et sûrement je vais
　　Désillusionner Roxane!

CYRANO, *regardant Christian*

            Si j'avais
Pour exprimer mon âme un pareil interprète !

CHRISTIAN, *avec désespoir*
Il me faudrait de l'éloquence !

CYRANO, *brusquement*

            Je t'en prête !
1130 Toi, du charme physique et vainqueur, prête-m'en :
Et faisons à nous deux un héros de roman !

CHRISTIAN
Quoi ?

CYRANO

      Te sentirais-tu de répéter les choses
Que chaque jour je t'apprendrais ?...

CHRISTIAN

              Tu me proposes ?...

CYRANO
Roxane n'aura pas de désillusions !
1135 Dis, veux-tu qu'à nous deux nous la séduisions ?
Veux-tu sentir passer, de mon pourpoint de buffle
Dans ton pourpoint brodé, l'âme que je
                    [t'insuffle !...

CHRISTIAN
Mais, Cyrano !...

CYRANO

        Christian, veux-tu ?

CHRISTIAN

              Tu me fais peur !

CYRANO
Puisque tu crains, tout seul, de refroidir son cœur,

1140 Veux-tu que nous fassions — et bientôt tu
                              [l'embrasses! —
    Collaborer un peu tes lèvres et mes phrases?...

CHRISTIAN
    Tes yeux brillent!...

CYRANO
                  Veux-tu?

CHRISTIAN
                           Quoi! cela te ferait
    Tant de plaisir?...

CYRANO, *avec enivrement*
                Cela...
    Se reprenant, et en artiste.

                   Cela m'amuserait!
    C'est une expérience à tenter un poète.
1145 Veux-tu me compléter et que je te complète?
    Tu marcheras, j'irai dans l'ombre à ton côté :
    Je serai ton esprit, tu seras ma beauté.

CHRISTIAN
    Mais la lettre qu'il faut, au plus tôt, lui remettre!
    Je ne pourrai jamais...

CYRANO, *sortant de son pourpoint la lettre qu'il a écrite*
                     Tiens, la voilà, ta lettre!

CHRISTIAN
1150 Comment?

CYRANO
           Hormis l'adresse, il n'y manque plus rien.

CHRISTIAN
    Je...

CYRANO
    Tu peux l'envoyer. Sois tranquille. Elle est bien.

CHRISTIAN
    Vous aviez?...

CYRANO
      Nous avons toujours, nous, dans nos poches,
    Des épîtres à des Chloris... de nos caboches,

Car nous sommes ceux-là qui pour amante n'ont
1155 Que du rêve soufflé dans la bulle d'un nom!...
Prends, et tu changeras en vérités ces feintes;
Je lançais au hasard ces aveux et ces plaintes :
Tu verras se poser tous ces oiseaux errants.
Tu verras que je fus dans cette lettre — prends! —
1160 D'autant plus éloquent que j'étais moins sincère!
— Prends donc, et finissons!

CHRISTIAN

                       N'est-il pas nécessaire
De changer quelques mots? Écrite en divaguant,
Ira-t-elle à Roxane?

CYRANO

                Elle ira comme un gant!

CHRISTIAN
  Mais...

CYRANO
      La crédulité de l'amour-propre est telle,
1165 Que Roxane croira que c'est écrit pour elle!

CHRISTIAN
  Ah! mon ami!
    Il se jette dans les bras de Cyrano. Ils restent embrassés.

Scène XI

CYRANO, CHRISTIAN, LES GASCONS,
LE MOUSQUETAIRE, LISE

UN CADET, *entrouvrant la porte*
              Plus rien... Un silence de mort...
Je n'ose regarder...
    Il passe la tête.

            Hein?

TOUS LES CADETS, *entrant et voyant Cyrano et Christian qui*
  s'embrassent

             Ah!... Oh!...

UN CADET

                    C'est trop fort!

  Consternation.

LE MOUSQUETAIRE, *goguenard*
   Ouais ?...

CARBON
                  Notre démon est doux comme un apôtre !
   Quand sur une narine on le frappe, — il tend
                                          [l'autre ?

LE MOUSQUETAIRE
1170 On peut donc lui parler de son nez, maintenant ?...

   Appelant Lise, d'un air triomphant.

   — Eh ! Lise ! Tu vas voir !

   Humant l'air avec affectation.

                            Oh !... oh !... c'est surprenant !
   Quelle odeur !...

   Allant à Cyrano, dont il regarde le nez avec impertinence.

                     Mais monsieur doit l'avoir reniflée ?
   Qu'est-ce que cela sent ici ?...

CYRANO, *le souffletant*

                        La giroflée [1] !
   Joie. Les cadets ont retrouvé Cyrano, ils font des culbutes.

                     RIDEAU

---

1. Giroflée : soufflet si réussi que sur la joue fleurit une giroflée à cinq pétales.

TROISIÈME ACTE

LE BAISER DE ROXANE

Une petite place dans l'ancien Marais. Vieilles maisons. Perspectives de ruelles. A droite, la maison de Roxane et le mur de son jardin que débordent de larges feuillages. Au-dessus de la porte, fenêtre et balcon. Un banc devant le seuil.

Du lierre grimpe au mur, du jasmin enguirlande le balcon, frissonne et retombe.

Par le banc et les pierres en saillie du mur, on peut facilement grimper au balcon.

En face, une ancienne maison de même style, brique et pierre, avec une porte d'entrée. Le heurtoir de cette porte est emmailloté de linge comme un pouce malade.

Au lever du rideau, la duègne est assise sur le banc. La fenêtre est grande ouverte sur le balcon de Roxane.

Près de la duègne se tient debout Ragueneau, vêtu d'une sorte de livrée : il termine un récit, en s'essuyant les yeux.

Scène première

RAGUENEAU, LA DUÈGNE, *puis* ROXANE,
CYRANO *et* DEUX PAGES

RAGUENEAU

... Et puis, elle est partie avec un mousquetaire !
1175 Seul, ruiné, je me pends. J'avais quitté la terre.
Monsieur de Bergerac entre, et, me dépendant,
Me vient à sa cousine offrir comme intendant.

LA DUÈGNE

Mais comment expliquer cette ruine où vous êtes ?

RAGUENEAU

Lise aimait les guerriers, et j'aimais les poètes !
1180 Mars mangeait les gâteaux que laissait Apollon :
— Alors, vous comprenez, cela ne fut pas long !

LA DUÈGNE, *se levant et appelant vers la fenêtre ouverte*
Roxane, êtes-vous prête ?... On nous attend !

LA VOIX DE ROXANE, *par la fenêtre*

Je passe

Une mante !

LA DUÈGNE, *à Ragueneau, lui montrant la porte d'en face*
C'est là qu'on nous attend, en face.
Chez Clomire [1]. Elle tient bureau, dans son réduit.
1185 On y lit un discours sur le Tendre [2], aujourd'hui.

RAGUENEAU

Sur le Tendre ?

LA DUÈGNE, *minaudant*

Mais oui !...

Criant vers la fenêtre.

1. Clomire serait Mlle Clisson, d'après le *Dictionnaire des précieuses*. Mais Somaize précise qu'elle habite l'Île de Délos (l'île de la Cité). Cléomire en revanche habitait le Marais, et n'est autre que Mme de Rambouillet, qui porta ce nom après celui d'Arthénice, selon Charles Livet (*Précieux et précieuses*, Paris, Walter, 1895). « Bureau » signifie réunion, et « réduit » signifie à peu près cercle où s'assemble une société choisie. 2. C'est seulement en 1653 que Pellisson et Madeleine de Scudéry inventèrent, en badinant, la fameuse carte du Tendre.

Roxane, il faut descendre,
Ou nous allons manquer le discours sur le Tendre!

LA VOIX DE ROXANE
  Je viens!
     On entend un bruit d'instruments à cordes qui se rapproche.

LA VOIX DE CYRANO, *chantant dans la coulisse*
          La! la! la! la!

LA DUÈGNE, *surprise*

                    On nous joue un morceau?

CYRANO, *suivi de deux pages porteurs de théorbes*
  Je vous dis que la croche est triple, triple sot!

PREMIER PAGE, *ironique*
1190 Vous savez donc, Monsieur, si les croches sont
                                          [triples?

CYRANO
  Je suis musicien, comme tous les disciples
  De Gassendi[1]!

LE PAGE, *jouant et chantant*
          La! la!

CYRANO, *lui arrachant le théorbe et continuant la phrase musicale*

                    Je peux continuer!...
  La! la! la! la!

ROXANE, *paraissant sur le balcon*
          C'est vous?

CYRANO, *chantant sur l'air qu'il continue*

                    Moi qui viens saluer
  Vos lys, et présenter mes respects à vos ro... ses!

---

1. Cyrano a peut-être suivi l'enseignement de Gassendi (1592-1655) au Collège de France (mais pas avant 1645). Physicien, mathématicien, astronome, philosophe, ses controverses avec Descartes sont célèbres. Disciple d'Épicure, il est atomiste, mais non athée. C'est plutôt un précurseur de Leibniz. Fut-il vraiment musicien? Lacroix l'affirme.

ROXANE

1195 Je descends!

Elle quitte le balcon.

LA DUÈGNE, *montrant les pages*

Qu'est-ce donc que ces deux virtuoses?

CYRANO

C'est un pari que j'ai gagné sur d'Assoucy.

Nous discutions un point de grammaire. — Non!

[— Si! —

Quand soudain me montrant ces deux grands

[escogriffes

Habiles à gratter les cordes de leurs griffes,

1200 Et dont il fait toujours son escorte, il me dit:

« Je te parie un jour de musique! » Il perdit.

Jusqu'à ce que Phœbus recommence son orbe,

J'ai donc sur mes talons ces joueurs de théorbe,

De tout ce que je fais harmonieux témoins!...

1205 Ce fut d'abord charmant, et ce l'est déjà moins.

Aux musiciens.

Hep!... Allez de ma part jouer une pavane

A Montfleury!...

Les pages remontent pour sortir. — A la duègne.

Je viens demander à Roxane

Ainsi que chaque soir...

Aux pages qui sortent.

Jouez longtemps, — et faux!

A la duègne.

... Si l'ami de son âme est toujours sans défauts?

ROXANE, *sortant de la maison*

1210 Ah! qu'il est beau, qu'il a d'esprit, et que je l'aime!

CYRANO, *souriant*

Christian a tant d'esprit?...

ROXANE

Mon cher, plus que vous-même!

CYRANO

J'y consens.

ROXANE

Il ne peut exister à mon goût

Plus fin diseur de ces jolis riens qui sont tout.

Parfois il est distrait, ses Muses sont absentes.
1215 Puis, tout à coup, il dit des choses ravissantes.

CYRANO, *incrédule*
   Non ?

ROXANE
      C'est trop fort ! Voilà comme les hommes sont :
   Il n'aura pas d'esprit puisqu'il est beau garçon !

CYRANO
   Il sait parler du cœur d'une façon experte ?

ROXANE
   Mais il n'en parle pas, Monsieur, il en disserte !

CYRANO
1220 Il écrit ?

ROXANE
         Mieux encor ! Écoutez donc un peu :
   Déclamant.
   « *Plus tu me prends de cœur, plus j'en ai !...* »
   Triomphante, à Cyrano.

                                 Eh ! bien ?

CYRANO

                                 Peuh !...

ROXANE
   Et ceci : « *Pour souffrir, puisqu'il m'en faut un autre,*
   Si vous gardez mon cœur, envoyez-moi le vôtre ! »

CYRANO
   Tantôt il en a trop et tantôt pas assez.
1225 Qu'est-ce au juste qu'il veut, de cœur ?...

ROXANE, *frappant du pied*

                                 Vous m'agacez !

   C'est la jalousie...

CYRANO, *tressaillant*

                  Hein !...

ROXANE

                  ... d'auteur qui vous dévore !
   — Et ceci, n'est-il pas du dernier tendre encore ?

« *Croyez que devers vous mon cœur ne fait qu'un cri,*
Et que si les baisers s'envoyaient par écrit,
1230 *Madame, vous liriez ma lettre avec les lèvres !...* »

CYRANO, *souriant malgré lui de satisfaction*
   Ha ! ha ! ces lignes-là sont... hé ! hé !

   Se reprenant et avec dédain.

                                        mais bien mièvres !

ROXANE
   Et ceci...

CYRANO, *ravi*
                  Vous savez donc ses lettres par cœur ?

ROXANE
   Toutes !

CYRANO, *frisant sa moustache*
               Il n'y a pas à dire : c'est flatteur !

ROXANE
   C'est un maître !

CYRANO, *modeste*
                        Oh !... un maître !...

ROXANE, *péremptoire*
                                        Un maître !...

CYRANO, *saluant*
                                        Soit !... un maître !

LA DUÈGNE, *qui était remontée, redescendant vivement*
1235 Monsieur de Guiche !

   A Cyrano, le poussant vers la maison.

                        Entrez !... car il vaut mieux, peut-être,
   Qu'il ne vous trouve pas ici ; cela pourrait
   Le mettre sur la piste...

ROXANE, *à Cyrano*
                              Oui, de mon cher secret !
   Il m'aime, il est puissant, il ne faut pas qu'il sache !
   Il peut dans mes amours donner un coup de hache.

CYRANO, *entrant dans la maison*
1240 Bien ! bien ! bien !
    De Guiche paraît.

Scène II

ROXANE, DE GUICHE, LA Duègne, *à l'écart*

ROXANE, *à de Guiche, lui faisant une révérence*
                    Je sortais.

DE GUICHE
                               Je viens prendre congé.

ROXANE
  Vous partez ?

DE GUICHE
                    Pour la guerre.

ROXANE
                         Ah !

DE GUICHE
                           Ce soir même.

ROXANE
                                 Ah !

DE GUICHE
                                 J'ai
Des ordres. On assiège Arras.

ROXANE
                   Ah !... on assiège ?...

DE GUICHE
  Oui... Mon départ a l'air de vous laisser de neige.

ROXANE, *poliment*
  Oh !...

DE GUICHE
    Moi, je suis navré. Vous reverrai-je?... Quand?
1245 — Vous savez que je suis nommé mestre de camp?

ROXANE, *indifférente*
    Bravo.

DE GUICHE
        Du régiment des gardes.

ROXANE, *saisie*
                        Ah? des gardes?

DE GUICHE
    Où sert votre cousin, l'homme aux phrases vantardes.
    Je saurai me venger de lui, là-bas.

ROXANE, *suffoquée*
                        Comment!
    Les gardes vont là-bas?

DE GUICHE, *riant*
                    Tiens! c'est mon régiment!

ROXANE, *tombant assise sur le banc, — à part*
1250 Christian!

DE GUICHE
        Qu'avez-vous?

ROXANE, *tout émue*
                    Ce... départ... me désespère!
    Quand on tient à quelqu'un, le savoir à la guerre!

DE GUICHE, *surpris et charmé*
    Pour la première fois me dire un mot si doux,
    Le jour de mon départ!

ROXANE, *changeant de ton et s'éventant*
                        Alors, — vous allez vous
    Venger de mon cousin?...

DE GUICHE, *souriant*

On est pour lui?

ROXANE

Non, — contre!

DE GUICHE
1255 Vous le voyez?

ROXANE

Très peu.

DE GUICHE

Partout on le rencontre
Avec un des cadets...
Il cherche le nom.

ce Neu... villen... viller...

ROXANE
Un grand?

DE GUICHE

Blond.

ROXANE

Roux.

DE GUICHE

Beau!...

ROXANE

Peuh!

DE GUICHE

Mais bête.

ROXANE

Il en a l'air.
Changeant de ton.
... Votre vengeance envers Cyrano, — c'est peut-être
De l'exposer au feu, qu'il adore?... Elle est piètre!
1260 Je sais bien, moi, ce qui serait sanglant!

DE GUICHE

C'est?...

ROXANE

    Mais si le régiment, en partant, le laissait
    Avec ses chers cadets, pendant toute la guerre,
    A Paris, bras croisés!... C'est la seule manière,
    Un homme comme lui, de le faire enrager :
1265 Vous voulez le punir? privez-le de danger.

DE GUICHE

    Une femme! une femme! il n'y a qu'une femme
    Pour inventer ce tour!

ROXANE

                Il se rongera l'âme,
    Et ses amis les poings, de n'être pas au feu :
    Et vous serez vengé!

DE GUICHE, *se rapprochant*

              Vous m'aimez donc un peu!

    Elle sourit.

1270 Je veux voir dans ce fait d'épouser ma rancune
    Une preuve d'amour, Roxane!...

ROXANE

                C'en est une.

DE GUICHE, *montrant plusieurs plis cachetés*

    J'ai les ordres sur moi qui vont être transmis
    A chaque compagnie, à l'instant même, hormis...
    Il en détache un.
    Celui-ci! C'est celui des cadets.
    Il le met dans sa poche.

                Je le garde.

    Riant.

1275 Ah! ah! ah! Cyrano!... Son humeur bataillarde!...
    — Vous jouez donc des tours aux gens, vous?...

ROXANE, *le regardant*

                Quelquefois.

DE GUICHE, *tout près d'elle*

    Vous m'affolez! Ce soir — écoutez — oui, je dois
    Être parti. Mais fuir quand je vous sens émue!...
    Écoutez. Il y a, près d'ici, dans la rue

1280 D'Orléans, un couvent fondé par le syndic
Des capucins, le Père Athanase. Un laïc
N'y peut entrer. Mais les bons Pères, je m'en
                                        [charge !...
Ils peuvent me cacher dans leur manche : elle est
                                        [large.
— Ce sont les capucins qui servent Richelieu
1285 Chez lui ; redoutant l'oncle, ils craignent le neveu. —
On me croira parti. Je viendrai sous le masque.
Laissez-moi retarder d'un jour, chère fantasque !...

ROXANE, *vivement*
Mais si cela s'apprend, votre gloire...

DE GUICHE

                                        Bah !

ROXANE

                                        Mais
Le siège, Arras...

DE GUICHE

                    Tant pis ! Permettez !

ROXANE

                                        Non !

DE GUICHE

                                        Permets !

ROXANE, *tendrement*
1290 Je dois vous le défendre !

DE GUICHE

                            Ah !

ROXANE

                                Partez !
    A part.

                                Christian reste.
    Haut.
Je vous veux héroïque, — Antoine !

DE GUICHE

                                Mot céleste !
Vous aimez donc celui ?...

ROXANE

Pour lequel j'ai frémi.

DE GUICHE, *transporté de joie*

Ah ! je pars !

Il lui baise la main.

Êtes-vous contente ?

ROXANE

Oui, mon ami !

Il sort.

LA DUÈGNE, *lui faisant dans le dos une révérence comique*

Oui, mon ami !

ROXANE, *à la duègne*

Taisons ce que je viens de faire :

1295 Cyrano m'en voudrait de lui voler sa guerre !

Elle appelle vers la maison.

Cousin !

Scène III

ROXANE, LA DUÈGNE, CYRANO

ROXANE

Nous allons chez Clomire.

Elle désigne la porte d'en face.

Alcandre y doit

Parler, et Lysimon [1] !

LA DUÈGNE, *mettant son petit doigt dans son oreille*

Oui ! mais mon petit doigt

Dit qu'on va les manquer !

CYRANO, *à Roxane*

Ne manquez pas ces singes.

Ils sont arrivés devant la porte de Clomire.

---

1. Alcandre et Lysimon : ces noms (fréquents dans les pastorales en particulier) ne sont pas attribués dans Somaize. Pellisson, l'inventeur du pays du Tendre, s'appelait Acante.

LA DUÈGNE, *avec ravissement*

Oh! voyez! le heurtoir est entouré de linges!...

Au heurtoir.

1300 On vous a bâillonné pour que votre métal
Ne troublât pas les beaux discours, — petit brutal!

Elle le soulève avec des soins infinis et frappe doucement.

ROXANE, *voyant qu'on ouvre*

Entrons!...

Du seuil, à Cyrano.

Si Christian vient, comme je le présume,
Qu'il m'attende!...

CYRANO, *vivement, comme elle va disparaître*

Ah!...

Elle se retourne.

Sur quoi, selon votre coutume,
Comptez-vous aujourd'hui l'interroger?

ROXANE

Sur...

CYRANO, *vivement*

Sur?

ROXANE

1305 Mais vous serez muet, là-dessus!

CYRANO

Comme un mur.

ROXANE

Sur rien!... Je vais lui dire : Allez! Partez sans bride!
Improvisez. Parlez d'amour. Soyez splendide!

CYRANO, *souriant*

Bon.

ROXANE

Chut!...

CYRANO

Chut!...

ROXANE

Pas un mot!...

Elle rentre et referme la porte.

CYRANO, *la saluant, la porte une fois fermée*
En vous remerciant!
La porte se rouvre et Roxane passe la tête.

ROXANE
Il se préparerait!...

CYRANO
Diable, non!...

TOUS LES DEUX, *ensemble*
Chut!...
La porte se ferme.
CYRANO, *appelant*
Christian!

Scène IV
CYRANO, CHRISTIAN

CYRANO
1310 Je sais tout ce qu'il faut. Prépare ta mémoire.
Voici l'occasion de se couvrir de gloire.
Ne perdons pas de temps. Ne prends pas l'air
[grognon.
Vite, rentrons chez toi, je vais t'apprendre...

CHRISTIAN
Non!

CYRANO
Hein?

CHRISTIAN
Non! J'attends Roxane ici.

CYRANO
De quel vertige
1315 Es-tu frappé? Viens vite apprendre...

CHRISTIAN
Non, te dis-je!
Je suis las d'emprunter mes lettres, mes discours,

Et de jouer ce rôle, et de trembler toujours!...
C'était bon au début! Mais je sens qu'elle m'aime!
Merci. Je n'ai plus peur. Je vais parler moi-même.

CYRANO
1320 Ouais!

CHRISTIAN
                Et qui te dit que je ne saurai pas?...
Je ne suis pas si bête à la fin! Tu verras!
Mais, mon cher, tes leçons m'ont été profitables.
Je saurai parler seul! Et, de par tous les diables,
Je saurai bien toujours la prendre dans mes bras!...

Apercevant Roxane, qui ressort de chez Clomire.

1325 — C'est elle! Cyrano, non, ne me quitte pas!

CYRANO, *le saluant*
Parlez tout seul, Monsieur.
Il disparaît derrière le mur du jardin.

Scène V

CHRISTIAN, ROXANE, QUELQUES PRÉCIEUX *et*
PRÉCIEUSES, *et* LA DUÈGNE, *un instant*

ROXANE, *sortant de la maison de Clomire avec une compagnie
qu'elle quitte : révérences et saluts*
                        Barthénoïde! — Alcandre! —
Grémione [1]!...

LA DUÈGNE, *désespérée*
                On a manqué le discours sur le Tendre!
Elle rentre chez Roxane.

ROXANE, *saluant encore*
Urimédonte!... Adieu!...

*Tous saluent Roxane, se resaluent entre eux, se séparent et
s'éloignent par différentes rues. Roxane voit Christian.*

---

1. Grémione, « précieuse enjouée », est Mme de La Grenouillère
(Somaize).

C'est vous!...

Elle va à lui.

Le soir descend.
Attendez. Ils sont loin. L'air est doux. Nul passant.
1330 Asseyons-nous. Parlez. J'écoute.

CHRISTIAN, *s'assied près d'elle, sur le banc. Un silence*
Je vous aime.

ROXANE, *fermant les yeux*
Oui, parlez-moi d'amour.

CHRISTIAN
Je t'aime.

ROXANE
C'est le thème.
Brodez, brodez.

CHRISTIAN
Je vous...

ROXANE
Brodez!

CHRISTIAN
Je t'aime tant.

ROXANE
Sans doute. Et puis?

CHRISTIAN
Et puis... je serais si content
Si vous m'aimiez! — Dis-moi, Roxane, que tu
[m'aimes!

ROXANE, *avec une moue*
1335 Vous m'offrez du brouet quand j'espérais des crèmes!
Dites un peu comment vous m'aimez?...

CHRISTIAN
Mais... beaucoup.

ROXANE
Oh!... Délabyrinthez vos sentiments!

CHRISTIAN, *qui s'est rapproché et dévore des yeux la nuque
blonde*
Ton cou!
Je voudrais l'embrasser!...

ROXANE

Christian!

CHRISTIAN

Je t'aime!

ROXANE, *voulant se lever*

Encore!

CHRISTIAN, *vivement, la retenant*
Non! je ne t'aime pas!

ROXANE, *se rasseyant*

C'est heureux!

CHRISTIAN

Je t'adore!

ROXANE, *se levant et s'éloignant*
1340 Oh!

CHRISTIAN
Oui... je deviens sot!

ROXANE, *sèchement*

Et cela me déplaît!
Comme il me déplairait que vous devinssiez laid.

CHRISTIAN
Mais...

ROXANE

Allez rassembler votre éloquence en fuite!

CHRISTIAN
Je...

ROXANE

Vous m'aimez, je sais. Adieu.
Elle va vers la maison.

CHRISTIAN

Pas tout de suite!
Je vous dirai...

ROXANE, *poussant la porte pour rentrer*
Que vous m'adorez... oui, je sais.
1345 Non! Non! Allez-vous-en!

CHRISTIAN

Mais je...

Elle lui ferme la porte au nez.

CYRANO, *qui depuis un moment est rentré sans être vu*

C'est un succès.

Scène VI

CHRISTIAN, CYRANO, LES PAGES, *un instant*

CHRISTIAN

Au secours!

CYRANO

Non, Monsieur.

CHRISTIAN

Je meurs si je ne rentre

En grâce, à l'instant même...

CYRANO

Et comment puis-je, diantre!

Vous faire, à l'instant même, apprendre?...

CHRISTIAN, *lui saisissant le bras*

Oh! là, tiens, vois!

La fenêtre du balcon s'est éclairée.

CYRANO, *ému*

Sa fenêtre!

CHRISTIAN, *criant*

Je vais mourir!

CYRANO

Baissez la voix!

CHRISTIAN, *tout bas*

1350 Mourir!...

CYRANO

La nuit est noire...

CHRISTIAN

Eh bien?

CYRANO

C'est réparable.

Vous ne méritez pas... Mets-toi là, misérable!

Là, devant le balcon! Je me mettrai dessous...
Et je te soufflerai tes mots.

CHRISTIAN

                         Mais...

CYRANO

                              Taisez-vous!

LES PAGES, *reparaissant au fond, à Cyrano*
Hep!

CYRANO
     Chut!...
     Il leur fait signe de parler bas.

PREMIER PAGE, *à mi-voix*
                    Nous venons de donner la sérénade
1355 A Montfleury!...

CYRANO, *bas, vite*
                    Allez vous mettre en embuscade
L'un à ce coin de rue, et l'autre à celui-ci;
Et si quelque passant gênant vient par ici,
Jouez un air!

DEUXIÈME PAGE
                    Quel air, Monsieur le gassendiste?

CYRANO
Joyeux pour une femme, et pour un homme, triste!
Les pages disparaissent, un à chaque coin de rue. — A Christian.
1360 Appelle-la!

CHRISTIAN
               Roxane!

CYRANO, *ramassant des cailloux qu'il jette dans les vitres*
                    Attends! Quelques cailloux.

Scène VII
ROXANE, CHRISTIAN, CYRANO, *d'abord caché
sous le balcon*

ROXANE, *entrouvrant sa fenêtre*
Qui donc m'appelle?

CHRISTIAN
                         Moi.

ROXANE

Qui, moi?

CHRISTIAN

Christian.

ROXANE, *avec dédain*

C'est vous.

CHRISTIAN
Je voudrais vous parler.

CYRANO, *sous le balcon, à Christian*

Bien. Bien. Presque à voix basse.

ROXANE
Non! Vous parlez trop mal. Allez-vous-en!

CHRISTIAN

De grâce!...

ROXANE
Non! Vous ne m'aimez plus!

CHRISTIAN, *à qui Cyrano souffle ses mots*

M'accuser, — justes dieux! —
1365 De n'aimer plus... quand... j'aime plus!

ROXANE, *qui allait refermer sa fenêtre, s'arrêtant*

Tiens, mais c'est mieux!

CHRISTIAN, *même jeu*
L'amour grandit bercé dans mon âme inquiète...
Que ce... cruel marmot prit pour... barcelonnette!

ROXANE, *s'avançant sur le balcon*
C'est mieux! — Mais, puisqu'il est cruel, vous fûtes
[sot
De ne pas, cet amour, l'étouffer au berceau!

CHRISTIAN, *même jeu*
1370 Aussi l'ai-je tenté, mais... tentative nulle :
Ce... nouveau-né, Madame, est un petit... Hercule.

ROXANE
C'est mieux!

CHRISTIAN, *même jeu*
> De sorte qu'il... strangula comme rien...
Les deux serpents... Orgueil et... Doute.

ROXANE, *s'accoudant au balcon*
> Ah! c'est très bien.
— Mais pourquoi parlez-vous de façon peu
> [hâtive?
1375 Auriez-vous donc la goutte à l'imaginative?

CYRANO, *tirant Christian sous le balcon, et se glissant à sa place*
Chut! Cela devient trop difficile!...

ROXANE
> Aujourd'hui...
Vos mots sont hésitants. Pourquoi?

CYRANO, *parlant à mi-voix, comme Christian*
> C'est qu'il fait nuit,
Dans cette ombre, à tâtons, ils cherchent votre oreille.

ROXANE
Les miens n'éprouvent pas difficulté pareille.

CYRANO
1380 Ils trouvent tout de suite? oh! cela va de soi,
Puisque c'est dans mon cœur, eux, que je les reçoi;
Or, moi, j'ai le cœur grand, vous, l'oreille petite.
D'ailleurs vos mots, à vous, descendent: ils vont vite.
Les miens montent, Madame: il leur faut plus de
> [temps!

ROXANE
1385 Mais ils montent bien mieux depuis quelques
> [instants.

CYRANO
De cette gymnastique, ils ont pris l'habitude!

ROXANE
Je vous parle, en effet, d'une vraie altitude!

CYRANO
Certe, et vous me tueriez si de cette hauteur
Vous me laissiez tomber un mot dur sur le cœur.

ROXANE, *avec un mouvement*
1390 Je descends.

CYRANO, *vivement*
                    Non!

ROXANE, *lui montrant le banc qui est sous le balcon*
                    Grimpez sur le banc, alors, vite!

CYRANO, *reculant avec effroi dans la nuit*
Non!

ROXANE
          Comment... non?

CYRANO, *que l'émotion gagne de plus en plus*
                    Laissez un peu que l'on profite...
De cette occasion qui s'offre... de pouvoir
Se parler doucement, sans se voir.

ROXANE
                              Sans se voir?

CYRANO
     Mais oui, c'est adorable. On se devine à peine.
1395 Vous voyez la noirceur d'un long manteau qui traîne,
J'aperçois la blancheur d'une robe d'été :
Moi je ne suis qu'une ombre, et vous qu'une clarté!
Vous ignorez pour moi ce que sont ces minutes!
Si quelquefois je fus éloquent...

ROXANE
                              Vous le fûtes!

CYRANO
1400 Mon langage jamais jusqu'ici n'est sorti
De mon vrai cœur...

ROXANE
                    Pourquoi?

CYRANO
                              Parce que... jusqu'ici
Je parlais à travers...

ROXANE
                    Quoi?

CYRANO

                            ... le vertige où tremble
Quiconque est sous vos yeux!... Mais, ce soir, il me
                              [semble...
Que je vais vous parler pour la première fois!

ROXANE

1405 C'est vrai que vous avez une tout autre voix.

CYRANO, *se rapprochant avec fièvre*

Oui, tout autre, car dans la nuit qui me protège
J'ose être enfin moi-même, et j'ose...

    Il s'arrête et avec égarement.

                             Où en étais-je?
Je ne sais... tout ceci, — pardonnez mon émoi, —
C'est si délicieux... c'est si nouveau pour moi!

ROXANE

1410 Si nouveau?

CYRANO, *bouleversé, et essayant toujours de rattraper ses mots*

                Si nouveau... mais oui... d'être sincère :
La peur d'être raillé, toujours au cœur me serre...

ROXANE

Raillé de quoi?

CYRANO

                Mais de... d'un élan!... Oui, mon cœur,
Toujours, de mon esprit s'habille, par pudeur :
Je pars pour décrocher l'étoile, et je m'arrête
1415 Par peur du ridicule, à cueillir la fleurette!

ROXANE

La fleurette a du bon.

CYRANO

                    Ce soir, dédaignons-la!

ROXANE

Vous ne m'aviez jamais parlé comme cela!

CYRANO

Ah! si, loin des carquois, des torches et des
                              [flèches,

On se sauvait un peu vers des choses... plus
[fraîches !
1420 Au lieu de boire goutte à goutte, en un mignon
Dé à coudre d'or fin, l'eau fade du Lignon [1],
Si l'on tentait de voir comment l'âme s'abreuve
En buvant largement à même le grand fleuve !

ROXANE
Mais l'esprit ?...

CYRANO
            J'en ai fait pour vous faire rester
1425 D'abord, mais maintenant ce serait insulter
Cette nuit, ces parfums, cette heure, la Nature,
Que de parler comme un billet doux de Voiture [2] !
— Laissons, d'un seul regard de ses astres, le ciel
Nous désarmer de tout notre artificiel :
1430 Je crains tant que parmi notre alchimie exquise
Le vrai du sentiment ne se volatilise,
Que l'âme ne se vide à ces passe-temps vains,
Et que le fin du fin ne soit la fin des fins !

ROXANE
Mais l'esprit ?...

CYRANO
            Je le hais dans l'amour ! C'est un crime
1435 Lorsqu'on aime de trop prolonger cette escrime !
Le moment vient d'ailleurs inévitablement,
— Et je plains ceux pour qui ne vient pas ce
[moment ! —
Où nous sentons qu'en nous une amour noble
[existe
Que chaque joli mot que nous disons rend triste !

ROXANE
1440 Eh bien ! si ce moment est venu pour nous deux
Quels mots me direz-vous ?

---

1. Le Lignon arrose le Forez et les campagnes de *L'Astrée*. 2. Voiture : bel esprit, poète et épistolier mondain (1595-1648), habitué de l'Hôtel de Rambouillet.

CYRANO

                          Tous ceux, tous ceux, tous ceux
Qui me viendront, je vais vous les jeter en touffe
Sans les mettre en bouquet : je vous aime, j'étouffe
Je t'aime, je suis fou, je n'en peux plus, c'est trop ;
1445 Ton nom est dans mon cœur comme dans un
                                          [grelot,
Et comme tout le temps, Roxane, je frissonne,
Tout le temps, le grelot s'agite, et le nom sonne !
De toi, je me souviens de tout, j'ai tout aimé :
Je sais que l'an dernier, un jour, le douze mai,
1450 Pour sortir le matin tu changeas de coiffure !
J'ai tellement pris pour clarté ta chevelure
Que comme lorsqu'on a trop fixé le soleil,
On voit sur toute chose ensuite un rond vermeil,
Sur tout, quand j'ai quitté les feux dont tu
                                          [m'inondes,
1455 Mon regard ébloui pose des taches blondes !

ROXANE, *d'une voix troublée*
Oui, c'est bien de l'amour...

CYRANO

                          Certes, ce sentiment
Qui m'envahit, terrible et jaloux, c'est vraiment
De l'amour, il en a toute la fureur triste !
De l'amour, — et pourtant il n'est pas égoïste !
1460 Ah ! que pour ton bonheur je donnerais le mien,
Quand même tu devrais n'en savoir jamais rien,
S'il se pouvait, parfois, que de loin j'entendisse
Rire un peu le bonheur né de mon sacrifice !
— Chaque regard de toi suscite une vertu
1465 Nouvelle, une vaillance en moi ! Commences-tu
A comprendre, à présent ? voyons, te rends-tu
                                          [compte ?
Sens-tu mon âme, un peu, dans cette ombre, qui
                                          [monte ?...
Oh ! mais vraiment, ce soir, c'est trop beau, c'est
                                          [trop doux !
Je vous dis tout cela, vous m'écoutez, moi, vous !
1470 C'est trop ! Dans mon espoir même le moins
                                          [modeste,

Je n'ai jamais espéré tant! Il ne me reste
Qu'à mourir maintenant! C'est à cause des mots
Que je dis qu'elle tremble entre les bleus rameaux!
Car vous tremblez, comme une feuille entre les
[feuilles!
1475 Car tu trembles! car j'ai senti, que tu le veuilles
Ou non, le tremblement adoré de ta main
Descendre tout le long des branches du jasmin!
Il baise éperdument l'extrémité d'une branche pendante.

ROXANE

Oui, je tremble, et je pleure, et je t'aime, et suis tienne!
Et tu m'as enivrée!

CYRANO

Alors, que la mort vienne!
1480 Cette ivresse, c'est moi, moi, qui l'ai su causer!
Je ne demande plus qu'une chose...

CHRISTIAN, *sous le balcon*

Un baiser!

ROXANE, *se rejetant en arrière*
Hein?

CYRANO
Oh!

ROXANE

Vous demandez?

CYRANO

Oui... je...

A Christian, bas.

Tu vas trop vite.

CHRISTIAN
Puisqu'elle est si troublée, il faut que j'en profite!

CYRANO, *à Roxane*
Oui, je... j'ai demandé, c'est vrai... mais justes cieux!
1485 Je comprends que je fus bien trop audacieux.

ROXANE, *un peu déçue*
Vous n'insistez pas plus que cela?

CYRANO

Si! j'insiste...
Sans insister!... Oui, oui! votre pudeur s'attriste!

Eh bien! mais, ce baiser... ne me l'accordez pas!

CHRISTIAN, *à Cyrano, le tirant par son manteau*
Pourquoi?

CYRANO
                    Tais-toi, Christian!

ROXANE, *se penchant*
                              Que dites-vous tout bas?

CYRANO
1490 Mais d'être allé trop loin, moi-même je me gronde;
Je me disais: tais-toi, Christian!...

Les théorbes se mettent à jouer.

                              Une seconde!...

On vient!

Roxane referme la fenêtre, Cyrano écoute les théorbes, dont l'un joue un air folâtre et l'autre un air lugubre.

                    Air triste? Air gai?... Quel est donc leur
                                        [dessein?
Est-ce un homme? Une femme? — Ah! c'est un
                                        [capucin!

Entre un capucin qui va de maison en maison, une lanterne à la main, regardant les portes.

Scène VIII
CYRANO, CHRISTIAN, UN CAPUCIN

CYRANO, *au capucin*
Quel est ce jeu renouvelé de Diogène?

LE CAPUCIN
1495 Je cherche la maison de madame...

CHRISTIAN
                              Il nous gêne!

LE CAPUCIN
Magdeleine Robin...

CHRISTIAN
                    Que veut-il?...

CYRANO, *lui montrant une rue montante*

Par ici!

Tout droit, — toujours tout droit...

LE CAPUCIN

Je vais pour vous — merci! —
Dire mon chapelet jusqu'au grain majuscule.
Il sort.

CYRANO

Bonne chance! Mes vœux suivent votre cuculle [1]!
Il redescend vers Christian.

Scène IX
CYRANO, CHRISTIAN

CHRISTIAN

1500 Obtiens-moi ce baiser!...

CYRANO

Non!

CHRISTIAN

Tôt ou tard...

CYRANO

C'est vrai!

Il viendra, ce moment de vertige enivré
Où vos bouches iront l'une vers l'autre, à cause
De ta moustache blonde et de sa lèvre rose!
A lui-même.

J'aime mieux que ce soit à cause de...
Bruit des volets qui se rouvrent, Christian se cache sous le balcon.

Scène X
CYRANO, CHRISTIAN, ROXANE

ROXANE, *s'avançant sur le balcon*

C'est vous?

1505 Nous parlions de... de... d'un...

1. Grande robe de moine.

CYRANO

                              Baiser. Le mot est doux.
Je ne vois pas pourquoi votre lèvre ne l'ose ;
S'il la brûle déjà, que sera-ce la chose ?
Ne vous en faites pas un épouvantement :
N'avez-vous pas tantôt, presque insensiblement,
1510 Quitté le badinage et glissé sans alarmes
Du sourire au soupir, et du soupir aux larmes !
Glissez encore un peu d'insensible façon :
Des larmes au baiser il n'y a qu'un frisson !

ROXANE

Taisez-vous !

CYRANO

                    Un baiser, mais à tout prendre, qu'est-ce ?
1515 Un serment fait d'un peu plus près, une promesse
Plus précise, un aveu qui veut se confirmer,
Un point rose qu'on met sur l'i du verbe aimer ;
C'est un secret qui prend la bouche pour oreille,
Un instant d'infini qui fait un bruit d'abeille,
1520 Une communion ayant un goût de fleur,
Une façon d'un peu se respirer le cœur,
Et d'un peu se goûter, au bord des lèvres, l'âme !

ROXANE

Taisez-vous !

CYRANO

                    Un baiser, c'est si noble, Madame,
Que la reine de France, au plus heureux des lords,
1525 En a laissé prendre un, la reine même !

ROXANE

                                        Alors !

CYRANO, *s'exaltant*

J'eus comme Buckingham [1] des souffrances
                                        [muettes,

---

1. Tout le monde a lu *Les Trois Mousquetaires* et connaît cet
amoureux, amant peut-être, d'Anne d'Autriche. Dumas, dans
Louis XIV et son siècle, raconte fort au long ses tentatives amoureuses.

J'adore comme lui la reine que vous êtes,
Comme lui je suis triste et fidèle...

ROXANE

Et tu es

Beau comme lui!

CYRANO, *à part, dégrisé*

C'est vrai, je suis beau, j'oubliais!

ROXANE

1530 Eh bien! montez cueillir cette fleur sans pareille...

CYRANO, *poussant Christian vers le balcon*
Monte!

ROXANE

Ce goût de cœur...

CYRANO

Monte!

ROXANE

Ce bruit d'abeille...

CYRANO
Monte!

CHRISTIAN, *hésitant*
Mais il me semble, à présent, que c'est mal!

ROXANE
Cet instant d'infini!...

CYRANO, *le poussant*

Monte donc, animal!

*Christian s'élance, et par le banc, le feuillage, les piliers, atteint
les balustres qu'il enjambe.*

CHRISTIAN
Ah! Roxane!...

Il l'enlace et se penche sur ses lèvres.

CYRANO

Aïe! au cœur, quel pincement bizarre!
1535 — Baiser, festin d'amour dont je suis le Lazare [1]!

---

1. Lazare est le pauvre de l'Évangile (Luc, chap. XVI), auquel
auraient suffi les miettes du festin du mauvais riche.

Il me vient dans cette ombre une miette de toi, —
Mais oui, je sens un peu mon cœur qui te reçoit,
Puisque sur cette lèvre où Roxane se leurre
Elle baise les mots que j'ai dits tout à l'heure !

On entend les théorbes.

1540 Un air triste, un air gai : le capucin !

Il feint de courir comme s'il arrivait de loin, et d'une voix claire.

Holà !

ROXANE

Qu'est-ce ?

CYRANO

Moi. Je passais... Christian est encor là ?

CHRISTIAN, *très étonné*

Tiens, Cyrano !

ROXANE

Bonjour, cousin !

CYRANO

Bonjour, cousine !

ROXANE

Je descends !

Elle disparaît dans la maison. Au fond rentre le capucin.

CHRISTIAN, *l'apercevant*

Oh ! encor !

Il suit Roxane.

Scène XI

CYRANO, CHRISTIAN, ROXANE, LE CAPUCIN, RAGUENEAU

LE CAPUCIN

C'est ici, — je m'obstine —
Magdeleine Robin !

CYRANO

Vous aviez dit : Ro-*lin.*

LE CAPUCIN

1545 Non : *Bin*. **B**, i, n, *bin* !

ROXANE, *paraissant sur le seuil de la maison, suivie de Ragueneau qui porte une lanterne, et de Christian*

Qu'est-ce ?

LE CAPUCIN

Une lettre.

CHRISTIAN

Hein ?

LE CAPUCIN, *à Roxane*

Oh ! il ne peut s'agir que d'une sainte chose !
C'est un digne seigneur qui...

ROXANE, *à Christian*

C'est de Guiche !

CHRISTIAN

Il ose ?...

ROXANE

Oh ! mais il ne va pas m'importuner toujours !

Décachetant la lettre.

Je t'aime, et si...

A la lueur de la lanterne de Ragueneau, elle lit, à l'écart, à voix basse :

« *Mademoiselle,*

Les tambours
1550 *Battent ; mon régiment boucle sa soubreveste [1] ;*
Il part ; moi, l'on me croit déjà parti : je reste.
Je vous désobéis. Je suis dans ce couvent.
Je vais venir, et vous le mande auparavant
Par un religieux simple comme une chèvre
1555 *Qui ne peut rien comprendre à ceci. Votre lèvre*
M'a trop souri tantôt : j'ai voulu la revoir.
Éloignez un chacun, et daignez recevoir

_____

1. Soubreveste : veste sans manches, interposée entre les vêtements et la cuirasse.

L'audacieux déjà pardonné, je l'espère,
Qui signe votre très... » et cætera...

   Au capucin.

                                    Mon Père,
1560 Voici ce que me dit cette lettre. Écoutez.

   Tous se rapprochent, elle lit à haute voix.

   « *Mademoiselle,*

                    Il faut souscrire aux volontés
Du cardinal, si dur que cela vous puisse être.
C'est la raison pourquoi j'ai fait choix, pour remettre
Ces lignes en vos mains charmantes, d'un très saint,
1565 *D'un très intelligent et discret capucin;*
Nous voulons qu'il vous donne, et dans votre demeure,
La bénédiction

   Elle tourne la page.

                    nuptiale sur l'heure.
Christian doit en secret devenir votre époux;
Je vous l'envoie. Il vous déplaît. Résignez-vous.
1570 *Songez bien que le ciel bénira votre zèle,*
Et tenez pour tout assuré, Mademoiselle,
Le respect de celui qui fut et qui sera
Toujours votre très humble et très... » et cætera.

LE CAPUCIN, *rayonnant*
Digne seigneur!... Je l'avais dit. J'étais sans crainte!
1575 Il ne pouvait s'agir que d'une chose sainte!

ROXANE, *bas à Christian*
N'est-ce pas que je lis très bien les lettres?

CHRISTIAN

                                        Hum!

ROXANE, *haut, avec désespoir*
Ah!... c'est affreux!

LE CAPUCIN, *qui a dirigé sur Cyrano la clarté de sa lanterne*
                    C'est vous?

CHRISTIAN

                                        C'est moi!

LE CAPUCIN, *tournant la lumière vers lui, et, comme si un*
doute lui venait, en voyant sa beauté

Mais...

ROXANE, *vivement*

Post-scriptum :

« *Donnez pour le couvent cent vingt pistoles.* »

LE CAPUCIN

Digne,

Digne seigneur!

A Roxane.

Résignez-vous!

ROXANE, *en martyre*

Je me résigne!

Pendant que Ragueneau ouvre la porte au capucin que Chris-
tian invite à entrer, elle dit bas à Cyrano :

1580 Vous, retenez ici de Guiche! Il va venir!
Qu'il n'entre pas tant que...

CYRANO

Compris!

Au capucin.

Pour les bénir

Il vous faut?...

LE CAPUCIN

Un quart d'heure.

CYRANO, *les poussant tous vers la maison*

Allez! moi, je demeure!

ROXANE, *à Christian*
Viens!...
Ils entrent.

Scène XII
CYRANO, *seul*

Comment faire perdre à de Guiche un quart
[d'heure?

Il se précipite sur le banc, grimpe au mur, vers le balcon.

Là!... Grimpons!... J'ai mon plan!...

Les théorbes se mettent à jouer une phrase lugubre.

> Ho! c'est un homme!

Le trémolo devient sinistre.

> Ho! ho!

1585 Cette fois, c'en est un!...

Il est sur le balcon, il rabaisse son feutre sur ses yeux, ôte son épée, se drape dans sa cape, puis se penche et regarde au-dehors.

> Non, ce n'est pas trop haut!

Il enjambe les balustres et attirant à lui la longue branche d'un des arbres qui débordent le mur du jardin, il s'y accroche des deux mains, prêt à se laisser tomber.

Je vais légèrement troubler cette atmosphère!...

Scène XIII

CYRANO, DE GUICHE

DE GUICHE, *qui entre, masqué, tâtonnant dans la nuit*
Qu'est-ce que ce maudit capucin peut bien faire?

CYRANO
Diable! et ma voix?... S'il la reconnaissait?

Lâchant d'une main, il a l'air de tourner une invisible clef.

> Cric! crac!

Solennellement.

Cyrano, reprenez l'accent de Bergerac!...

DE GUICHE, *regardant la maison*
1590 Oui, c'est là. J'y vois mal. Ce masque

> [m'importune!

Il va pour entrer. Cyrano saute du balcon en se tenant à la branche, qui plie, et le dépose entre la porte et de Guiche; il feint de tomber lourdement, comme si c'était de très haut, et s'aplatit par terre, où il reste immobile, comme étourdi. De Guiche fait un bond en arrière.

Hein? quoi?

Quand il lève les yeux, la branche s'est redressée; il ne voit que le ciel; il ne comprend pas.

D'où tombe donc cet homme?

CYRANO, *se mettant sur son séant, et avec l'accent de Gascogne*
De la lune!

DE GUICHE
De la?...

CYRANO, *d'une voix de rêve*
Quelle heure est-il?

DE GUICHE
N'a-t-il plus sa raison?

CYRANO
Quelle heure? Quel pays? Quel jour? Quelle saison?

DE GUICHE
Mais...

CYRANO
Je suis étourdi!

DE GUICHE
Monsieur...

CYRANO
Comme une bombe
1595 Je tombe de la lune!

DE GUICHE, *impatienté*
Ah çà! Monsieur!

CYRANO, *se relevant, d'une voix terrible*
J'en tombe!

DE GUICHE, *reculant*
Soit! soit! vous en tombez!... c'est peut-être un
[dément!

CYRANO, *marchant sur lui*
Et je n'en tombe pas métaphoriquement!...

DE GUICHE
Mais...

CYRANO
Il y a cent ans, ou bien une minute,
— J'ignore tout à fait ce que dura ma chute! —

1600 J'étais dans cette boule à couleur de safran [1]!

DE GUICHE, *haussant les épaules*
    Oui. Laissez-moi passer!

CYRANO, *s'interposant*
                        Où suis-je? soyez franc!
    Ne me déguisez rien! En quel lieu, dans quel site,
    Viens-je de choir, Monsieur, comme un aérolithe?

DE GUICHE
    Morbleu!...

CYRANO
                Tout en cheyant je n'ai pu faire choix
1605 De mon point d'arrivée, — et j'ignore où je chois!
    Est-ce dans une lune ou bien dans une terre,
    Que vient de m'entraîner le poids de mon postère?

DE GUICHE
    Mais je vous dis, Monsieur...

CYRANO, *avec un cri de terreur qui fait reculer de Guiche*
                        Ha! grand Dieu!... je crois voir
    Qu'on a dans ce pays le visage tout noir!

DE GUICHE, *portant la main à son visage*
1610 Comment?

CYRANO, *avec une peur emphatique*
                Suis-je en Alger? Êtes-vous indigène?...

DE GUICHE, *qui a senti son masque*
    Ce masque!...

CYRANO, *feignant de se rassurer un peu*
            Je suis donc dans Venise, ou dans Gêne?

DE GUICHE, *voulant passer*
    Une dame m'attend!...

CYRANO, *complètement rassuré*
                    Je suis donc à Paris.

─────────────────────

1. A partir d'ici, Rostand suit les *Estats et Empires de la Lune*.
Voyez, p. 4, l'édition Alcover (Paris, Champion, 1977): « cette
boule de safran ».

DE GUICHE, *souriant malgré lui*
   Le drôle est assez drôle!

CYRANO
                          Ah! vous riez?

DE GUICHE
                                         Je ris,
   Mais veux passer!

CYRANO, *rayonnant*
                     C'est à Paris que je retombe!

   Tout à fait à son aise, riant, s'époussetant, saluant.

1615 J'arrive — excusez-moi! — par la dernière trombe.
   Je suis un peu couvert d'éther [1]. J'ai voyagé!
   J'ai les yeux tout remplis de poudre d'astres. J'ai
   Aux éperons, encor, quelques poils de planète!

      Cueillant quelque chose sur sa manche.

   Tenez, sur mon pourpoint, un cheveu de comète!...
   Il souffle comme pour le faire envoler.

DE GUICHE, *hors de lui*
1620 Monsieur!...

   CYRANO, *au moment où il va passer, tend sa jambe comme pour
      y montrer quelque chose et l'arrête*
                  Dans mon mollet je rapporte une dent
   De la Grande Ourse, — et comme, en frôlant le
                                            [Trident,
   Je voulais éviter une de ses trois lances,
   Je suis allé tomber assis dans les Balances, —
   Dont l'aiguille, à présent, là-haut, marque mon
                                            [poids!

   *Empêchant vivement de Guiche de passer et le prenant à un
   bouton du pourpoint.*

1625 Si vous serriez mon nez, Monsieur, entre vos doigts,
   Il jaillirait du lait!

DE GUICHE
                        Hein? du lait?...

CYRANO
                                          De la Voie

   Lactée!...

---

1. « Éther » est le nom de la matière céleste, interstellaire, dans
l'ancienne physique.

DE GUICHE
> Oh! par l'enfer!

CYRANO
> > > C'est le ciel qui m'envoie!

Se croisant les bras.

Non! croiriez-vous, je viens de le voir en tombant,
Que Sirius, la nuit, s'affuble d'un turban?
Confidentiel.

1630 L'autre Ourse est trop petite encor pour qu'elle
> > > > [morde.

Riant.

J'ai traversé la Lyre en cassant une corde!
Superbe.

Mais je compte en un livre écrire tout ceci,
Et les étoiles d'or qu'en mon manteau roussi
Je viens de rapporter à mes périls et risques,
1635 Quand on l'imprimera, serviront d'astérisques!

DE GUICHE
> A la parfin, je veux...

CYRANO
> > > Vous, je vous vois venir!

DE GUICHE
> Monsieur!

CYRANO
> > Vous voudriez de ma bouche tenir
Comment la lune est faite, et si quelqu'un habite
Dans la rotondité de cette cucurbite?

DE GUICHE, *criant*
1640 Mais non! Je veux...

CYRANO
> > > Savoir comment j'y suis monté?
Ce fut par un moyen que j'avais inventé.

DE GUICHE, *découragé*
> C'est un fou!

CYRANO, *dédaigneux*
> > > Je n'ai pas refait l'aigle stupide

De Regiomontanus, ni le pigeon timide
D'Archytas [1]!...

DE GUICHE

C'est un fou, — mais c'est un fou savant.

CYRANO

1645 Non, je n'imitai rien de ce qu'on fit avant !

De Guiche a réussi à passer et il marche vers la porte de Roxane.
Cyrano le suit, prêt à l'empoigner.

J'inventai six moyens de violer l'azur vierge [2]!

1. L'astronome et physicien Johann Müller tira son nom de *Regiomontanus* de sa ville natale Kœnigsberg (mont du roi). Grand mécanicien, il offrit à l'empereur Maximilien Iᵉʳ, entrant à Nuremberg, un aigle automate.

Archytas de Tarente (environ 400-350 av. J.-C.), pythagoricien ami de Platon, géomètre illustre, aurait construit un pigeon qui volait. **2.** Ces six moyens appartiennent en effet à Cyrano :

1) « Je m'étais attaché tout autour de moi quantité de fioles pleines de rosée, et la chaleur du ciel qui les attirait m'éleva si haut, qu'à la fin je me trouvais au-dessus des plus hautes nuées » (*Estats et Empires de la Lune*, p. 9).

2) « Ce fut une grande boîte fort légère, et qui fermait fort juste. Elle était haute de six pieds ou environ, et large de trois en carré. Cette boîte était trouée par en bas ; et par-dessus la voûte qui l'était aussi, je posai un vaisseau de cristal troué de même, fait en globe, mais fort ample, dont le goulot aboutissait justement et s'enchâssait dans le pertuis que j'avais pratiqué au chapiteau.

Le vase était construit en plusieurs angles, et en forme d'icosaèdre (à vingt côtés), afin que chaque facette étant convexe et concave ma boule produisît l'effet d'un miroir ardent. (...) Le vide qui surviendrait dans l'icosaèdre à cause des rayons unis du soleil par les verres concaves attirerait, pour le remplir, une furieuse abondance d'air, dont ma boîte serait enlevée » (*Les Estats du Soleil*, édition Lachèvre, Slatkine Reprints, Genève, 1968, pp. 123-124).

3) Cet « oiseau de bois » (*Les Estats du Soleil, op. cit.*, p. 100) est décrit dans *Les Estats de la Lune* (*op. cit.*, pp. 29-30).

4) Dans *Les Estats de la Lune* (pp. 41-42), on explique qu'Énoch gagna le satellite en remplissant deux vases de la fumée des sacrifices offerts à l'Éternel : « La fumée aussitôt, qui tendait à s'élever droit à Dieu (...) poussa les vases en haut et ils enlevèrent avec eux le saint homme. »

5) S'étant enduit de moelle de bœuf en guise d'onguent, le narrateur des *Estats de la Lune* en éprouve l'effet merveilleux : « Je connus qu'étant alors en décours, et la lune pendant ce quartier ayant accoutumé de sucer la moelle des animaux, elle buvait celle dont je m'étais enduit » (pp. 29 et 30).

6) C'est Élie qui a inventé ce moteur pour son chariot :

DE GUICHE, *se retournant*
   Six?

CYRANO, *avec volubilité*
   Je pouvais, mettant mon corps nu comme un cierge,
   Le caparaçonner de fioles de cristal
   Toutes pleines des pleurs d'un ciel matutinal,
1650 Et ma personne, alors, au soleil exposée,
   L'astre l'aurait humée en humant la rosée !

DE GUICHE, *surpris et faisant un pas vers Cyrano*
   Tiens ! Oui, cela fait un !

CYRANO, *reculant pour l'entraîner de l'autre côté*
                      Et je pouvais encor
   Faire engouffrer du vent, pour prendre mon essor,
   En raréfiant l'air dans un coffre de cèdre
1655 Par des miroirs ardents, mis en icosaèdre !

DE GUICHE, *fait encore un pas*
   Deux !

CYRANO, *reculant toujours*
          Ou bien, machiniste autant qu'artificier,
   Sur une sauterelle aux détentes d'acier,
   Me faire, par des feux successifs de salpêtre,
   Lancer dans les prés bleus où les astres vont
                                        [paître !

DE GUICHE, *le suivant, sans s'en douter, et comptant sur ses doigts*
1660 Trois !

CYRANO
          Puisque la fumée a tendance à monter,
   En souffler dans un globe assez pour m'emporter !

DE GUICHE, *même jeu, de plus en plus étonné*
   Quatre !

CYRANO
          Puisque Phœbé, quand son arc est le moindre,
   Aime sucer, ô bœufs, votre moelle... m'en oindre !

« Lorsque je fus bien ferme et bien appuyé sur le siège, je ruai fort
haut en l'air (une) boule d'aimant. Or la machine de fer (...) fut
enlevée aussitôt (...). A mesure que j'arrivais où l'aimant m'avait
attiré et dès que j'étais sauté jusque-là, ma main le faisait repartir » (pp. 47-48).
   Le septième moyen n'est pas de Cyrano.

DE GUICHE, *stupéfait*
  Cinq !

CYRANO, *qui en parlant l'a amené jusqu'à l'autre côté de la place,*
    près d'un banc
      Enfin, me plaçant sur un plateau de fer,
1665 Prendre un morceau d'aimant et le lancer en l'air !
  Ça, c'est un bon moyen : le fer se précipite,
  Aussitôt que l'aimant s'envole, à sa poursuite ;
  On relance l'aimant bien vite, et cadédis !
  On peut monter ainsi indéfiniment.

DE GUICHE
                                    Six !
1670 — Mais voilà six moyens excellents !... Quel système
  Choisîtes-vous des six, Monsieur ?

CYRANO
                                    Un septième !

DE GUICHE
  Par exemple ! Et lequel ?

CYRANO
                                    Je vous le donne en cent !...

DE GUICHE
  C'est que ce mâtin-là devient intéressant !

CYRANO, *faisant le bruit des vagues avec de grands gestes mysté-*
    rieux
  Houüh ! houüh !

DE GUICHE
          Eh bien !

CYRANO
                          Vous devinez ?

DE GUICHE
                                    Non !

CYRANO
                                    La marée !
1675 A l'heure où l'onde par la lune est attirée,

Je me mis sur le sable — après un bain de mer —
Et la tête partant la première, mon cher,
— Car les cheveux, surtout, gardent l'eau dans
                                    [leur frange! —
Je m'enlevai dans l'air, droit, tout droit, comme un
                                    [ange.
1680 Je montais, je montais doucement, sans efforts,
Quand je sentis un choc!... Alors...

DE GUICHE, *entraîné par la curiosité et s'asseyant sur le banc*
                                    Alors?

CYRANO

                                    Alors...

Reprenant sa voix naturelle.

Le quart d'heure est passé, Monsieur, je vous délivre :
Le mariage est fait.

DE GUICHE, *se relevant d'un bond*
                        Çà, voyons, je suis ivre!...
Cette voix?

*La porte de la maison s'ouvre, des laquais paraissent portant
des candélabres allumés. Lumière. Cyrano ôte son chapeau au
bord abaissé.*

                        Et ce nez!... Cyrano?

CYRANO, *saluant*
                                    Cyrano.
1685 — Ils viennent à l'instant d'échanger leur anneau.

DE GUICHE
Qui cela?

*Il se retourne. — Tableau. Derrière les laquais, Roxane et Chris-
tian se tiennent par la main. Le capucin les suit en souriant.
Ragueneau élève aussi un flambeau. La duègne ferme la
marche, ahurie, en petit saut-de-lit.*

                        Ciel!

Scène XIV

Les Mêmes, ROXANE, CHRISTIAN, le Capucin, RAGUENEAU, Laquais, la Duègne

DE GUICHE, *à Roxane*
Vous !

Reconnaissant Christian avec stupeur.

Lui ?

Saluant Roxane avec admiration.

Vous êtes des plus fines !

A Cyrano.

Mes compliments, Monsieur l'inventeur de machines :
Votre récit eût fait s'arrêter au portail
Du paradis, un saint ! Notez-en le détail,
1690 Car vraiment cela peut resservir dans un livre !

CYRANO, *s'inclinant*
Monsieur, c'est un conseil que je m'engage à
[suivre.

LE CAPUCIN, *montrant les amants à de Guiche et hochant avec satisfaction sa grande barbe blanche*
Un beau couple, mon fils, réuni là par vous !

DE GUICHE, *le regardant d'un œil glacé*
Oui.

A Roxane.

Veuillez dire adieu, Madame, à votre époux.

ROXANE
Comment ?

DE GUICHE, *à Christian*
Le régiment déjà se met en route.
1695 Joignez-le !

ROXANE
                    Pour aller à la guerre?

DE GUICHE
                                        Sans doute!

ROXANE
        Mais, Monsieur, les cadets n'y vont pas!

DE GUICHE
                                        Ils iront.

Tirant le papier qu'il avait mis dans sa poche.
        Voici l'ordre.

A Christian.
                    Courez le porter, vous, baron.

ROXANE, *se jetant dans les bras de Christian*
        Christian!

DE GUICHE, *ricanant, à Cyrano*
                    La nuit de noce est encore lointaine!

CYRANO, *à part*
        Dire qu'il croit me faire énormément de peine!

CHRISTIAN, *à Roxane*
1700 Oh! tes lèvres encor!

CYRANO
                            Allons, voyons, assez!

CHRISTIAN, *continuant à embrasser Roxane*
        C'est dur de la quitter... Tu ne sais pas...

CYRANO, *cherchant à l'entraîner*
                                        Je sais.

On entend au loin des tambours qui battent une marche.

DE GUICHE, *qui est remonté au fond*
        Le régiment qui part!

ROXANE, *à Cyrano, en retenant Christian qu'il essaie toujours d'entraîner*
                    Oh!... je vous le confie!
        Promettez-moi que rien ne va mettre sa vie
        En danger!

CYRANO

        J'essaierai... mais ne peux cependant
1705 Promettre...

ROXANE, *même jeu*

          Promettez qu'il sera très prudent!

CYRANO

  Oui, je tâcherai, mais...

ROXANE, *même jeu*

              Qu'à ce siège terrible
Il n'aura jamais froid!

CYRANO

           Je ferai mon possible.
Mais...

ROXANE, *même jeu*

    Qu'il sera fidèle!

CYRANO

           Eh oui! sans doute, mais...

ROXANE, *même jeu*

  Qu'il m'écrira souvent!

CYRANO, *s'arrêtant*

        Ça, — je vous le promets.

RIDEAU

QUATRIÈME ACTE

LES CADETS DE GASCOGNE

Le poste qu'occupe la compagnie de Carbon de Castel-Jaloux au siège d'Arras.

Au fond, talus traversant toute la scène. Au-delà s'aperçoit un horizon de plaine : le pays couvert de travaux de siège. Les murs d'Arras et la silhouette de ses toits sur le ciel, très loin.

Tentes ; armes éparses ; tambours, etc. — Le jour va se lever. Jaune Orient. — Sentinelles espacées. Feux.

Roulés dans leurs manteaux, les cadets de Gascogne dorment. Carbon de Castel-Jaloux et Le Bret veillent. Ils sont très pâles et très maigris. Christian dort, parmi les autres, dans sa cape, au premier plan, le visage éclairé par un feu. Silence.

Scène première

CHRISTIAN, CARBON DE CASTEL-JALOUX, LE BRET, LES CADETS, *puis* CYRANO

LE BRET
1710 C'est affreux !

CARBON
                    Oui. Plus rien.

LE BRET
                                    Mordious !

CARBON, *lui faisant signe de parler plus bas*
                                    Jure en sourdine !
Tu vas les réveiller.
    Aux cadets.
                        Chut ! Dormez !
    A Le Bret.
                                    Qui dort dîne !

LE BRET
    Quand on a l'insomnie on trouve que c'est peu !
    Quelle famine !
    On entend au loin quelques coups de feu.

CARBON
                    Ah ! maugrébis [1], des coups de feu !...
    Ils vont me réveiller mes enfants !
    Aux cadets qui lèvent la tête.
                                    Dormez !
    On se recouche. Nouveaux coups de feu plus rapprochés.

UN CADET, *s'agitant*
                                    Diantre !
1715 Encore ?

---

1. **Maugrébis** : juron sur le modèle de « maugrébleu » (je jure Dieu — en pestant) et de « cadédis » (tête Dieu).

CARBON

Ce n'est rien! C'est Cyrano qui rentre!
Les têtes qui s'étaient relevées se recouchent.

UNE SENTINELLE, *au-dehors*
Ventrebieu! qui va là?

LA VOIX DE CYRANO

Bergerac!

LA SENTINELLE, *qui est sur le talus*

Ventrebieu!

Qui va là?

CYRANO, *paraissant sur la crête*
Bergerac, imbécile!
Il descend. Le Bret va au-devant de lui, inquiet.

LE BRET

Ah! grand Dieu!

CYRANO, *lui faisant signe de ne réveiller personne*
Chut!

LE BRET
Blessé?

CYRANO

Tu sais bien qu'ils ont pris l'habitude
De me manquer tous les matins!

LE BRET

C'est un peu rude,
1720 Pour porter une lettre, à chaque jour levant,
De risquer...

CYRANO, *s'arrêtant devant Christian*
J'ai promis qu'il écrirait souvent!
Il le regarde.

Il dort. Il est pâli. Si la pauvre petite
Savait qu'il meurt de faim... Mais toujours beau!

LE BRET

Va vite

Dormir!

CYRANO

        Ne grogne pas, Le Bret!... Sache ceci :
1725 Pour traverser les rangs espagnols, j'ai choisi
    Un endroit où je sais, chaque nuit, qu'ils sont ivres.

LE BRET

    Tu devrais bien un jour nous rapporter des vivres.

CYRANO

    Il faut être léger pour passer! — Mais je sais
    Qu'il y aura ce soir du nouveau. Les Français
1730 Mangeront ou mourront, — si j'ai bien vu...

LE BRET

                     Raconte!

CYRANO

    Non. Je ne suis pas sûr... vous verrez!...

CARBON

                  Quelle honte,
    Lorsqu'on est assiégeant, d'être affamé!

LE BRET

                    Hélas!
    Rien de plus compliqué que ce siège d'Arras [1] :

---

1. Le siège d'Arras dura tout l'été 1640. La France est alors en guerre contre la maison d'Autriche et l'Espagne, et alliée aux Suédois et aux princes protestants d'Allemagne et des Pays-Bas. Arras était aux Espagnols. Pendant que La Meilleraie bloquait la place par des circonvallations en règle, une armée commandée par le Cardinal Infant Ferdinand d'Espagne coupa les approvisionnements français, assiégeant les assiégeants. C'est dans les combats livrés pour rompre le blocus espagnol que de Guiche a perdu son écharpe (*Mémoires du maréchal de Gramont*, dans la Collection des Mémoires relatifs à l'histoire de France, Paris, 1826, tome 56, p. 332). L'action ici prend place dans une autre phase stratégique : un secours français est en marche, La Meilleraie est allé faire sa jonction avec lui, en menant un fort parti de troupes. De Guiche a mission de tenir la ligne dégarnie jusqu'à l'arrivée du convoi, sous peine de perdre le gain de la campagne.

Nous assiégeons Arras, — nous-mêmes, pris au piège,
1735 Le cardinal infant d'Espagne nous assiège...

CYRANO

Quelqu'un devrait venir l'assiéger à son tour.

LE BRET

Je ne ris pas.

CYRANO

Oh! oh!

LE BRET

Penser que chaque jour
Vous risquez une vie, ingrat, comme la vôtre,
Pour porter...

Le voyant qui se dirige vers une tente.

Où vas-tu?

CYRANO

J'en vais écrire une autre.
Il soulève la toile et disparaît.

Scène II

LES MÊMES, *moins* CYRANO

Le jour s'est un peu levé. Lueurs roses. La ville d'Arras se dore à l'horizon. On entend un coup de canon immédiatement suivi d'une batterie de tambours, très au loin, vers la gauche. D'autres tambours battent plus près. Les batteries vont se répondant, et se rapprochant, éclatent presque en scène et s'éloignent vers la droite, parcourant le camp. Rumeurs de réveil. Voix lointaines d'officiers.

CARBON, *avec un soupir*
1740 La diane!... Hélas!

Les cadets s'agitent dans leurs manteaux, s'étirent.

Sommeil succulent, tu prends fin!...
Je sais trop quel sera leur premier cri!

UN CADET, *se mettant sur son séant*

J'ai faim!

UN AUTRE
Je meurs!

TOUS
Oh!

CARBON
Levez-vous!

TROISIÈME CADET
Plus un pas!

QUATRIÈME CADET
Plus un geste!

LE PREMIER, *se regardant dans un morceau de cuirasse*
Ma langue est jaune : l'air du temps est indigeste!

UN AUTRE
Mon tortil de baron pour un peu de chester!

UN AUTRE
1745 Moi, si l'on ne veut pas fournir à mon gaster
De quoi m'élaborer une pinte de chyle [1],
Je me retire sous ma tente, — comme Achille!

UN AUTRE
Oui, du pain!

CARBON, *allant à la tente où est entré Cyrano, à mi-voix*
Cyrano!

D'AUTRES
Nous mourons!

CARBON, *toujours à mi-voix, à la porte de la tente*
Au secours!
Toi qui sais si gaiement leur répliquer toujours,
1750 Viens les ragaillardir!

DEUXIÈME CADET, *se précipitant vers le premier qui mâchonne quelque chose*
Qu'est-ce que tu grignotes?

---

1. « Gaster » (estomac) et « chyle » (sécrétion intestinale) sont déjà dans Rabelais.

LE PREMIER

De l'étoupe à canon que dans les bourguignotes [1]
On fait frire en la graisse à graisser les moyeux.
Les environs d'Arras sont très peu giboyeux !

UN AUTRE, *entrant*

Moi, je viens de chasser !

UN AUTRE, *même jeu*

J'ai pêché, dans la Scarpe !

TOUS, *debout, se ruant sur les deux nouveaux venus*
1755 Quoi ? — Que rapportez-vous ? — Un faisan ? —
[Une carpe ?
— Vite, vite, montrez !

LE PÊCHEUR

Un goujon !

LE CHASSEUR

Un moineau !

TOUS, *exaspérés*

Assez ! — Révoltons-nous !

CARBON

Au secours, Cyrano !

Il fait maintenant tout à fait jour.

Scène III

LES MÊMES, CYRANO

CYRANO, *sortant de sa tente, tranquille, une plume à l'oreille, un
livre à la main*

Hein ?

Silence. Au premier cadet.

Pourquoi t'en vas-tu, toi, de ce pas qui traîne ?

1. Bourguignote (bourguignotte) : casque sans visière, assez semblable à la « salade » du vers 1766.

LE CADET
  J'ai quelque chose, dans les talons, qui me gêne!...

CYRANO
1760 Et quoi donc?

LE CADET
                L'estomac!

CYRANO
                              Moi de même, pardi!

LE CADET
  Cela doit te gêner?

CYRANO
                    Non, cela me grandit.

DEUXIÈME CADET
  J'ai les dents longues!

CYRANO
                        Tu n'en mordras que plus large.

UN TROISIÈME
  Mon ventre sonne creux!

CYRANO
                          Nous y battrons la charge.

UN AUTRE
  Dans les oreilles, moi, j'ai des bourdonnements.

CYRANO
1765 Non, non; ventre affamé, pas d'oreilles : tu mens!

UN AUTRE
  Oh! manger quelque chose, — à l'huile!

CYRANO, *le décoiffant et lui mettant son casque dans la main*
                                        Ta salade.

UN AUTRE
  Qu'est-ce qu'on pourrait bien dévorer?

CYRANO, *lui jetant le livre qu'il tient à la main*
                                        L'*Iliade*.

UN AUTRE
Le ministre, à Paris, fait ses quatre repas!

CYRANO
Il devrait t'envoyer du perdreau!

LE MÊME
                                        Pourquoi pas?
1770 Et du vin!

CYRANO
                    Richelieu, du bourgogne, *if you please*?

LE MÊME
Par quelque capucin!

CYRANO
                                L'Éminence qui grise?

UN AUTRE
J'ai des faims d'ogre!
                            Eh bien!... tu croques le marmot [1].

LE PREMIER CADET, *haussant les épaules*
Toujours le mot, la pointe [2]!

CYRANO
                                Oui, la pointe, le mot!
Et je voudrais mourir, un soir, sous un ciel rose,
1775 En faisant un bon mot, pour une belle cause!
— Oh! frappé par la seule arme noble qui soit,
Et par un ennemi qu'on sait digne de soi,
Sur un gazon de gloire et loin d'un lit de fièvres,

---

1. Croquer le marmot: attendre impatiemment quelqu'un ou quelque chose qui ne vient pas. **2.** Dans sa préface aux *Entretiens pointus*, Cyrano définit ainsi la pointe: «La Pointe n'est pas d'accord avec la raison: c'est l'agréable jeu de l'esprit, et merveilleux en ce point, qu'il réduit toutes choses sur le pied nécessaire à ses agréments, sans avoir égard à leur propre substance. S'il faut que pour la Pointe l'on fasse d'une belle chose une laide, cette étrange et prompte métamorphose peut se faire sans scrupule, et toujours on a bien fait, pourvu qu'on ait bien dit.» En 1651, *Le Roman comique* de Scarron présentait comme tout à fait ridicules ces «équivoques qu'on appelle pointes dans les Provinces».

Tomber la pointe au cœur en même temps qu'aux
[lèvres!

CRIS DE TOUS

1780 J'ai faim!

CYRANO, *se croisant les bras*

Ah çà! mais vous ne pensez qu'à manger?...
— Approche, Bertrandou le fifre, ancien berger;
Du double étui de cuir tire l'un de tes fifres,
Souffle, et joue à ce tas de goinfres et de piffres
Ces vieux airs du pays, au doux rythme obsesseur,
1785 Dont chaque note est comme une petite sœur,
Dans lesquels restent pris des sons de voix aimées,
Ces airs dont la lenteur est celle des fumées
Que le hameau natal exhale de ses toits,
Ces airs dont la musique a l'air d'être en patois!...

Le vieux s'assied et prépare son fifre.

1790 Que la flûte, aujourd'hui, guerrière qui s'afflige,
Se souvienne un moment, pendant que sur sa tige
Tes doigts semblent danser un menuet d'oiseau,
Qu'avant d'être d'ébène, elle fut de roseau;
Que sa chanson l'étonne, et qu'elle y reconnaisse
1795 L'âme de sa rustique et paisible jeunesse!...

Le vieux commence à jouer des airs languedociens.

Écoutez, les Gascons... Ce n'est plus, sous ses doigts,
Le fifre aigu des camps, c'est la flûte des bois!
Ce n'est plus le sifflet du combat, sous ses lèvres,
C'est le lent galoubet [1] de nos meneurs de chèvres!...
1800 Écoutez... C'est le val, la lande, la forêt,
Le petit pâtre brun sous son rouge béret,
C'est la verte douceur des soirs sur la Dordogne,
Écoutez, les Gascons : c'est toute la Gascogne!

*Toutes les têtes sont inclinées ; — tous les yeux rêvent; — et des
larmes sont furtivement essuyées, avec un revers de manche, un
coin de manteau.*

CARBON, *à Cyrano, bas*

Mais tu les fais pleurer!

CYRANO

De nostalgie!... Un mal

---

1. Galoubet : flûte à trois trous. Cyrano, héros de conte, est aussi
un enchanteur.

1805 Plus noble que la faim !... pas physique : moral !
　　J'aime que leur souffrance ait changé de viscère,
　　Et que ce soit leur cœur, maintenant, qui se serre !

CARBON
　　Tu vas les affaiblir en les attendrissant !

CYRANO, *qui a fait signe au tambour d'approcher*
　　Laisse donc ! Les héros qu'ils portent dans leur sang
1810 Sont vite réveillés ! Il suffit...
　　　Il fait un geste. Le tambour roule.

TOUS, *se levant et se précipitant sur leurs armes*
　　　　　　　　　　Hein ?... Quoi ?... Qu'est-ce ?

CYRANO, *souriant*
　　Tu vois, il a suffi d'un roulement de caisse !
　　Adieu, rêves, regrets, vieille province, amour...
　　Ce qui du fifre vient s'en va par le tambour !

UN CADET, *qui regarde au fond*
　　Ah ! Ah ! Voici monsieur de Guiche !

TOUS LES CADETS, *murmurant*
　　　　　　　　　　　　Hou...

CYRANO, *souriant*
　　　　　　　　　　　　　　Murmure
1815 Flatteur !

UN CADET
　　　　Il nous ennuie !

UN AUTRE
　　　　　　　　Avec, sur son armure,
　　Son grand col de dentelle, il vient faire le fier !

UN AUTRE
　　Comme si l'on portait du linge sur du fer !

LE PREMIER
　　C'est bon lorsque à son cou l'on a quelque
　　　　　　　　　　　　　　　[furoncle !

LE DEUXIÈME
　　Encore un courtisan !

UN AUTRE
　　　　　　　　Le neveu de son oncle !

CARBON
1820 C'est un Gascon pourtant!

LE PREMIER

Un faux!... Méfiez-vous!
Parce que, les Gascons... ils doivent être fous :
Rien de plus dangereux qu'un Gascon raisonnable.

LE BRET
Il est pâle!

UN AUTRE

Il a faim... autant qu'un pauvre diable!
Mais comme sa cuirasse a des clous de vermeil,
1825 Sa crampe d'estomac étincelle au soleil!

CYRANO, *vivement*
N'ayons pas l'air non plus de souffrir! Vous, vos
[cartes,
Vos pipes et vos dés...

Tous rapidement se mettent à jouer sur des tambours, sur des escabeaux et par terre, sur leurs manteaux, et ils allument de longues pipes de pétun.

Et moi, je lis Descartes.

Il se promène de long en large et lit dans un petit livre qu'il a tiré de sa poche. — Tableau. — De Guiche entre. Tout le monde a l'air absorbé et content. Il est très pâle. Il va vers Carbon.

Scène IV

LES MÊMES, DE GUICHE

DE GUICHE, *à Carbon*
Ah! — Bonjour!

Ils s'observent tous les deux. A part, avec satisfaction.

Il est vert.

CARBON, *de même*

Il n'a plus que les yeux.

DE GUICHE, *regardant les cadets*
Voici donc les mauvaises têtes?... Oui, Messieurs,
1830 Il me revient de tous côtés qu'on me brocarde

Chez vous, que les cadets, noblesse montagnarde,
Hobereaux béarnais, barons périgourdins,
N'ont pour leur colonel pas assez de dédains,
M'appellent intrigant, courtisan, — qu'il les gêne
1835 De voir sur ma cuirasse un col en point de Gêne, —
Et qu'ils ne cessent pas de s'indigner entre eux
Qu'on puisse être Gascon et ne pas être gueux!

Silence. On joue. On fume.

Vous ferai-je punir par votre capitaine?
Non.

CARBON

D'ailleurs, je suis libre et n'inflige de peine...

DE GUICHE
1840 Ah?

CARBON

J'ai payé ma compagnie, elle est à moi.
Je n'obéis qu'aux ordres de guerre.

DE GUICHE

Ah?... Ma foi!
Cela suffit.

S'adressant aux cadets.

Je peux mépriser vos bravades.
On connaît ma façon d'aller aux mousquetades;
Hier, à Bapaume, on vit la furie avec quoi
1845 J'ai fait lâcher le pied au comte de Bucquoi;
Ramenant sur ses gens les miens en avalanche,
J'ai chargé par trois fois!

CYRANO, *sans lever le nez de son livre*

Et votre écharpe blanche?

DE GUICHE, *surpris et satisfait*

Vous savez ce détail?... En effet, il advint,
Durant que je faisais ma caracole afin
1850 De rassembler mes gens pour la troisième charge,
Qu'un remous de fuyards m'entraîna sur la marge
Des ennemis; j'étais en danger qu'on me prît
Et qu'on m'arquebusât, quand j'eus le bon esprit

De dénouer et de laisser couler à terre
1855 L'écharpe qui disait mon grade militaire ;
En sorte que je pus, sans attirer les yeux,
Quitter les Espagnols, et revenant sur eux,
Suivi de tous les miens réconfortés, les battre [1] !
— Eh bien ! que dites-vous de ce trait ?

Les cadets n'ont pas l'air d'écouter ; mais ici les cartes et les
cornets à dés restent en l'air, la fumée des pipes demeure dans
les joues : attente.

CYRANO

Qu'Henri quatre
1860 N'eût jamais consenti, le nombre l'accablant,
A se diminuer de son panache blanc.

Joie silencieuse. Les cartes s'abattent. Les dés tombent. La
fumée s'échappe.

DE GUICHE

L'adresse a réussi, cependant !

Même attente suspendant les jeux et les pipes.

CYRANO

C'est possible.
Mais on n'abdique pas l'honneur d'être une cible.

Cartes, dés, fumées s'abattent, tombent, s'envolent avec une
satisfaction croissante.

Si j'eusse été présent quand l'écharpe coula
1865 — Nos courages, Monsieur, diffèrent en cela —
Je l'aurais ramassée et me la serais mise.

DE GUICHE

Oui, vantardise, encor, de Gascon !

CYRANO

Vantardise ?...
Prêtez-la-moi. Je m'offre à monter, dès ce soir,
A l'assaut, le premier, avec elle en sautoir.

DE GUICHE
1870 Offre encor de Gascon ! Vous savez que l'écharpe
Resta chez l'ennemi, sur les bords de la Scarpe,

---

1. Rostand suit de très près les *Mémoires du maréchal de Gra-*
mont, qui donne tous ces détails. On y trouve jusqu'au mot « caracole » (demi-tour à cheval).

En un lieu que depuis la mitraille cribla, —
Où nul ne peut aller la chercher!

CYRANO, *tirant de sa poche l'écharpe blanche et la lui tendant*
                                    La voilà.
*Silence. Les cadets étouffent leurs rires dans les cartes et dans
les cornets à dés. De Guiche se retourne, les regarde : immédiatement ils reprennent leur gravité, leurs jeux; l'un d'eux sifflote
avec indifférence l'air montagnard joué par le fifre.*

DE GUICHE, *prenant l'écharpe*
Merci. Je vais, avec ce bout d'étoffe claire,
1875 Pouvoir faire un signal, — que j'hésitais à faire.
Il va au talus, y grimpe, et agite plusieurs fois l'écharpe en l'air.

TOUS
Hein!

LA SENTINELLE, *en haut du talus*
Cet homme, là-bas, qui se sauve en courant!...

DE GUICHE, *redescendant*
C'est un faux espion espagnol. Il nous rend
De grands services. Les renseignements qu'il porte
Aux ennemis sont ceux que je lui donne, en sorte
1880 Que l'on peut influer sur leurs décisions.

CYRANO
C'est un gredin!

DE GUICHE, *se nouant nonchalamment son écharpe*
                    C'est très commode. Nous disions?...
— Ah!... J'allais vous apprendre un fait. Cette
                                        [nuit même,
Pour nous ravitailler tentant un coup suprême,
Le maréchal s'en fut vers Dourlens, sans tambours;
1885 Les vivandiers du Roi sont là; par les labours
Il les joindra; mais pour revenir sans encombre,
Il a pris avec lui des troupes en tel nombre
Que l'on aurait beau jeu, certe, en nous attaquant :
La moitié de l'armée est absente du camp!

CARBON
1890 Oui, si les Espagnols savaient, ce serait grave.
Mais ils ne savent pas ce départ?

DE GUICHE

                             Ils le savent.

Ils vont nous attaquer.

CARBON

                   Ah!

DE GUICHE

                        Mon faux espion

M'est venu prévenir de leur agression.
Il ajouta : « J'en peux déterminer la place ;
1895 Sur quel point voulez-vous que l'attaque se fasse ?
Je dirai que de tous c'est le moins défendu,
Et l'effort portera sur lui. » — J'ai répondu :
« C'est bon. Sortez du camp. Suivez des yeux la
                               [ligne :
Ce sera sur le point d'où je vous ferai signe. »

CARBON, *aux cadets*
1900 Messieurs, préparez-vous !
    Tous se lèvent. Bruits d'épées et de ceinturons qu'on boucle.

DE GUICHE

                   C'est dans une heure.

PREMIER CADET

                            Ah!... bien!...
    Ils se rasseyent tous. On reprend la partie interrompue.

DE GUICHE, *à Carbon*
Il faut gagner du temps. Le maréchal revient.

CARBON
Et pour gagner du temps ?

DE GUICHE

                      Vous aurez l'obligeance

De vous faire tuer.

CYRANO

               Ah! voilà la vengeance ?

DE GUICHE
Je ne prétendrai pas que si je vous aimais
1905 Je vous eusse choisis vous et les vôtres, mais,

Comme à votre bravoure on n'en compare aucune,
C'est mon Roi que je sers en servant ma rancune.

CYRANO, *saluant*

Souffrez que je vous sois, Monsieur, reconnaissant.

DE GUICHE, *saluant*

Je sais que vous aimez vous battre un contre cent.
1910 Vous ne vous plaindrez pas de manquer de besogne.
   Il remonte, avec Carbon.

CYRANO, *aux cadets*

Eh bien donc! nous allons au blason de Gascogne,
Qui porte six chevrons, Messieurs, d'azur et d'or,
Joindre un chevron de sang qui lui manquait

[encor!

   *De Guiche cause bas avec Carbon de Castel-Jaloux, au fond. On
   donne des ordres. La résistance se prépare. Cyrano va vers
   Christian qui est resté immobile, les bras croisés.*

CYRANO, *lui mettant la main sur l'épaule*

Christian?

CHRISTIAN, *secouant la tête*

Roxane!

CYRANO

Hélas!

CHRISTIAN

Au moins, je voudrais mettre
1915 Tout l'adieu de mon cœur dans une belle lettre!...

CYRANO

Je me doutais que ce serait pour aujourd'hui.
   Il tire un billet de son pourpoint.

Et j'ai fait tes adieux.

CHRISTIAN

Montre!...

CYRANO

Tu veux?...

CHRISTIAN, *lui prenant la lettre*

Mais oui!

   Il l'ouvre, lit et s'arrête.

Tiens!...

CYRANO
        Quoi?

CHRISTIAN
                Ce petit rond?...

CYRANO, *reprenant la lettre vivement, et regardant d'un air naïf*
                Un rond?...

CHRISTIAN
                        C'est une larme!

CYRANO
Oui... Poète, on se prend à son jeu, c'est le charme!...
1920 Tu comprends... ce billet, — c'était très émouvant :
Je me suis fait pleurer moi-même en l'écrivant.

CHRISTIAN
Pleurer?...

CYRANO
        Oui... parce que... mourir n'est pas terrible.
Mais... ne plus la revoir jamais... voilà l'horrible!
Car enfin je ne la...

        Christian le regarde.

                nous ne la...

        Vivement.

                        tu ne la...

CHRISTIAN, *lui arrachant la lettre*
1925 Donne-moi ce billet!
        On entend une rumeur, au loin, dans le camp.

LA VOIX D'UNE SENTINELLE
                Ventrebieu, qui va là?
        Coups de feu. Bruits de voix. Grelots.

CARBON
Qu'est-ce?...

LA SENTINELLE, *qui est sur le talus*
                Un carrosse!
        On se précipite pour voir.

CRIS

Quoi! Dans le camp? — Il y entre!
— Il a l'air de venir de chez l'ennemi! — Diantre!
Tirez! — Non! Le cocher a crié! — Crié quoi? —
Il a crié : Service du Roi!

Tout le monde est sur le talus et regarde au-dehors. Les grelots
se rapprochent.

DE GUICHE

Hein? Du Roi!...

On redescend, on s'aligne.

CARBON

1930 Chapeau bas, tous!

DE GUICHE, *à la cantonade*

Du Roi! — Rangez-vous, vile tourbe,
Pour qu'il puisse décrire avec pompe sa courbe!

Le carrosse entre au grand trot. Il est couvert de boue et de
poussière. Les rideaux sont tirés. Deux laquais derrière. Il
s'arrête net.

CARBON, *criant*

Battez aux champs!

Roulement de tambours. Tous les cadets se découvrent.

DE GUICHE

Baissez le marchepied!

Deux hommes se précipitent. La portière s'ouvre.

ROXANE, *sautant du carrosse*

Bonjour!

Le son d'une voix de femme relève d'un seul coup tout ce monde
profondément incliné. — Stupeur.

Scène V

LES MÊMES, ROXANE

DE GUICHE

Service du Roi! Vous?

ROXANE

Mais du seul roi, l'Amour!

CYRANO

Ah! grand Dieu!

CHRISTIAN, *s'élançant*

Vous! Pourquoi?

ROXANE

C'était trop long, ce siège!

CHRISTIAN

1935 Pourquoi?...

ROXANE

Je te dirai!

CYRANO, *qui, au son de sa voix, est resté cloué immobile, sans oser tourner les yeux vers elle*

Dieu! La regarderai-je?

DE GUICHE

Vous ne pouvez rester ici!

ROXANE, *gaiement*

Mais si! mais si!
Voulez-vous m'avancer un tambour?...

Elle s'assied sur un tambour qu'on avance.

Là, merci!

Elle rit.

On a tiré sur mon carrosse!

Fièrement.

Une patrouille!
— Il a l'air d'être fait avec une citrouille,
1940 N'est-ce pas? comme dans le conte [1], et les laquais
Avec des rats.

Envoyant des lèvres un baiser à Christian.

---

1. Rostand a réuni dans cet acte beaucoup d'allusions au monde du conte : *Cendrillon*, ici; le thème de la métamorphose (« Eh quoi! la précieuse était une héroïne », v. 1982), plus tard la métamorphose du comte de Guiche; le thème du mot magique qui devrait la provoquer (*laid!* vers 2150, 2188); le thème du don (vers 2171) comme dans *Riquet à la houppe*. Et toujours ce petit peuple de cadets aux mille noms.

Bonjour!

Les regardant tous.

Vous n'avez pas l'air gais!
— Savez-vous que c'est loin, Arras?

Apercevant Cyrano.

Cousin, charmée!

CYRANO, *s'avançant*
Ah çà! comment?...

ROXANE

Comment j'ai retrouvé l'armée?
Oh! mon Dieu, mon ami, mais c'est tout simple : j'ai
1945 Marché tant que j'ai vu le pays ravagé,
Ah! ces horreurs, il a fallu que je les visse
Pour y croire! Messieurs, si c'est là le service
De votre Roi, le mien vaut mieux!

CYRANO
Voyons, c'est fou!
Par où diable avez-vous bien pu passer?

ROXANE
Par où?
1950 Par chez les Espagnols.

PREMIER CADET

Ah! qu'elles sont malignes!

DE GUICHE
Comment avez-vous fait pour traverser leurs
[lignes?

LE BRET
Cela dut être très difficile!...

ROXANE

Pas trop.
J'ai simplement passé dans mon carrosse, au trot.
Si quelque hidalgo montrait sa mine altière,
1955 Je mettais mon plus beau sourire à la portière,
Et ces messieurs étant, n'en déplaise aux Français,
Les plus galantes gens du monde, — je passais!

CARBON

    Oui, c'est un passeport, certes, que ce sourire !
Mais on a fréquemment dû vous sommer de dire
1960 Où vous alliez ainsi, Madame ?

ROXANE

                            Fréquemment.
Alors je répondais : « Je vais voir mon amant. »
— Aussitôt l'Espagnol à l'air le plus féroce
Refermait gravement la porte du carrosse,
1965 Relevait les mousquets déjà braqués sur moi,
Et superbe de grâce, à la fois, et de morgue,
L'ergot tendu sous la dentelle en tuyau d'orgue,
Le feutre au vent pour que la plume palpitât,
S'inclinait en disant : « Passez, señorita ! »

CHRISTIAN

1970 Mais, Roxane...

ROXANE

           J'ai dit : mon amant, oui... pardonne !
Tu comprends, si j'avais dit : mon mari, personne
Ne m'eût laissée passer !

CHRISTIAN

                    Mais...

ROXANE

                        Qu'avez-vous ?

DE GUICHE

                            Il faut
Vous en aller d'ici !

ROXANE

            Moi ?

CYRANO

              Bien vite !

LE BRET

                      Au plus tôt !

CHRISTIAN

Oui !

ROXANE

    Mais comment ?

CHRISTIAN, *embarrassé*
C'est que...

CYRANO, *de même*
Dans trois quarts d'heure...

DE GUICHE, *de même*
... ou quatre...

CARBON, *de même*
1975 Il vaut mieux...

LE BRET, *de même*
Vous pourriez...

ROXANE
Je reste. On va se battre.

TOUS
Oh! non!

ROXANE
C'est mon mari!
Elle se jette dans les bras de Christian.
Qu'on me tue avec toi!

CHRISTIAN
Mais quels yeux vous avez!

ROXANE
Je te dirai pourquoi!

DE GUICHE, *désespéré*
C'est un poste terrible!

ROXANE, *se retournant*
Hein! terrible?

CYRANO
Et la preuve
C'est qu'il nous l'a donné!

ROXANE, *à de Guiche*
Ah! vous me vouliez veuve?

DE GUICHE
1980 Oh! je vous jure!...

ROXANE
Non! Je suis folle à présent!
Et je ne m'en vais plus!... D'ailleurs, c'est amusant.

CYRANO

Eh quoi! la précieuse était une héroïne?

ROXANE

Monsieur de Bergerac, je suis votre cousine.

UN CADET

Nous vous défendrons bien!

ROXANE, *enfiévrée de plus en plus*

Je le crois, mes amis!

UN AUTRE, *avec enivrement*

1985 Tout le camp sent l'iris!

ROXANE

Et j'ai justement mis
Un chapeau qui fera très bien dans la bataille!...

Regardant de Guiche.

Mais peut-être est-il temps que le comte s'en aille :
On pourrait commencer.

DE GUICHE

Ah! c'en est trop! Je vais
Inspecter mes canons, et reviens... Vous avez
1990 Le temps encor : changez d'avis!

ROXANE

Jamais!

De Guiche sort.

Scène VI

LES MÊMES, *moins* DE GUICHE

CHRISTIAN, *suppliant*

Roxane!

ROXANE

Non!

PREMIER CADET, *aux autres*

Elle reste!

TOUS, *se précipitant, se bousculant, s'astiquant*
                    Un peigne! — Un savon! — Ma basane
          Est trouée : une aiguille! — Un ruban! —
                                        [Ton miroir! —
          Mes manchettes! — Ton fer à moustache! — Un
                                              [rasoir!

ROXANE, *à Cyrano qui la supplie encore*
          Non! rien ne me fera bouger de cette place!

CARBON, *après s'être, comme les autres, sanglé, époussetté, avoir*
          brossé son chapeau, redressé sa plume et tiré ses manchettes,
          s'avance vers Roxane, et cérémonieusement
1995 Peut-être siérait-il que je vous présentasse,
          Puisqu'il en est ainsi, quelques de ces messieurs
          Qui vont avoir l'honneur de mourir sous vos yeux.

          Roxane s'incline et elle attend, debout au bras de Christian.
          Carbon présente :

          Baron de Peyrescous de Colignac [1]!

LE CADET, *saluant*
                                        Madame...

CARBON, *continuant*
          Baron de Casterac de Cahuzac. — Vidame
2000 De Malgouyre Estressac Lésbas d'Escarabiot. —
          Chevalier d'Antignac-Juzet. — Baron Hillot
          De Blagnac-Saléchan de Castel-Crabioules...

ROXANE
          Mais combien avez-vous de noms, chacun?

LE BARON HILLOT
                                        Des foules!

CARBON, *à Roxane*
          Ouvrez la main qui tient votre mouchoir.

---

1. Colignac est le lieu d'où s'évade le narrateur des *Estats et Empires du Soleil*. On attribue à Cyrano un *Sermon du curé de Colignac*, parodie ridicule (éd. Lachèvre, p. 296).

ROXANE, *ouvre la main et le mouchoir tombe*

Pourquoi ?

Toute la compagnie fait le mouvement de s'élancer pour le ramasser.

CARBON, *le ramassant vivement*

2005 Ma compagnie était sans drapeau ! Mais ma foi,
C'est le plus beau du camp qui flottera sur elle !

ROXANE, *souriant*

Il est un peu petit.

CARBON, *attachant le mouchoir à la hampe de sa lance de capitaine*

Mais il est en dentelle !

UN CADET, *aux autres*

Je mourrais sans regret, ayant vu ce minois,
Si j'avais seulement dans le ventre une noix !...

CARBON, *qui l'a entendu, indigné*

2010 Fi ! parler de manger lorsqu'une exquise femme !...

ROXANE

Mais l'air du camp est vif et, moi-même, m'affame :
Pâtés, chauds-froids [1], vins fins : — mon menu,

[le voilà !

— Voulez-vous m'apporter tout cela !
Consternation.

UN CADET

Tout cela !

UN AUTRE

Où le prendrions-nous, grand Dieu ?

ROXANE, *tranquillement*

Dans mon carrosse.

TOUS

2015 Hein ?...

ROXANE

Mais il faut qu'on serve et découpe, et désosse !
Regardez mon cocher d'un peu plus près, Messieurs,

---

1. Chaud-froid : morceaux de volaille recouverts d'une sauce en gelée.

Et vous reconnaîtrez un homme précieux :
Chaque sauce sera, si l'on veut, réchauffée !

LES CADETS, *se ruant vers le carrosse*
    C'est Ragueneau !
    Acclamations.

                 Oh ! oh !

ROXANE, *les suivant des yeux*

                 Pauvres gens !

CYRANO, *lui baisant la main*

                  Bonne fée !

RAGUENEAU, *debout sur le siège comme un charlatan en place*
    publique
2020 Messieurs !...
    Enthousiasme.

LES CADETS
        Bravo ! Bravo !

RAGUENEAU

             Les Espagnols n'ont pas,
Quand passaient tant d'appas, vu passer le repas !
    Applaudissements.

CYRANO, *bas, à Christian*
Hum ! hum ! Christian !

RAGUENEAU

           Distraits par la galanterie,
Ils n'ont pas vu...
    Il tire de son siège un plat qu'il élève.

           la galantine !...
    Applaudissements. La galantine passe de mains en mains.

CYRANO, *bas à Christian*

               Je t'en prie,
Un seul mot !...

RAGUENEAU

        Et Vénus sut occuper leur œil
2025 Pour que Diane, en secret, pût passer...
    Il brandit un gigot.

               son chevreuil !
    Enthousiasme. Le gigot est saisi par vingt mains tendues.

CYRANO, *bas à Christian*
Je voudrais te parler!

ROXANE, *aux cadets qui redescendent, les bras chargés de victuailles*
Posez cela par terre!
Elle met le couvert sur l'herbe, aidée des deux laquais imperturbables qui étaient derrière le carrosse.

ROXANE, *à Christian, au moment où Cyrano allait l'entraîner à part*
Vous, rendez-vous utile!
Christian vient l'aider. Mouvement d'inquiétude de Cyrano.

RAGUENEAU
Un paon truffé!

PREMIER CADET, *épanoui, qui descend en coupant une large tranche de jambon*
Tonnerre!
Nous n'aurons pas couru notre dernier hasard
Sans faire un gueuleton...

Se reprenant vivement en voyant Roxane.

pardon! un balthazar!

RAGUENEAU, *lançant les coussins du carrosse*
2030 Les coussins sont remplis d'ortolans!
Tumulte. On éventre les coussins. Rires. Joie.

TROISIÈME CADET
Ah! viédaze!

RAGUENEAU, *lançant des flacons de vin rouge*
Des flacons de rubis!...

De vin blanc.

Des flacons de topaze!

ROXANE, *jetant une nappe pliée à la figure de Cyrano*
Défaites cette nappe!... Eh! hop! Soyez léger!

RAGUENEAU, *brandissant une lanterne arrachée*
Chaque lanterne est un petit garde-manger!

CYRANO, *bas à Christian, pendant qu'ils arrangent la nappe
ensemble*
Il faut que je te parle avant que tu lui parles!

RAGUENEAU, *de plus en plus lyrique*
2035 Le manche de mon fouet est un saucisson d'Arles!

ROXANE, *versant du vin, servant*
Puisqu'on nous fait tuer, morbleu! nous nous
[moquons
Du reste de l'armée! — Oui, tout pour les Gascons! —
Et si de Guiche, vient, personne ne l'invite!

Allant de l'un à l'autre.

Là, vous avez le temps. — Ne mangez pas si vite! —
2040 Buvez un peu. — Pourquoi pleurez-vous?

PREMIER CADET

                                    C'est trop bon!...

ROXANE
Chut! — Rouge ou blanc? — Du pain pour
[monsieur de Carbon!
— Un couteau! — Votre assiette! — Un peu de
[croûte? — Encore?
— Je vous sers! — Du bourgogne? — Une aile?

CYRANO, *qui la suit, les bras chargés de plats, l'aidant à servir*
                                    Je l'adore!

ROXANE, *allant vers Christian*
Vous?

CHRISTIAN
Rien.

ROXANE
Si! ce biscuit, dans du muscat... deux doigts!

CHRISTIAN, *essayant de la retenir*
2045 Oh! dites-moi pourquoi vous vîntes?

ROXANE

                       Je me dois

A ces malheureux... Chut! Tout à l'heure!...

LE BRET, *qui était remonté au fond, pour passer, au bout d'une lance, un pain à la sentinelle du talus*

                       De Guiche!

CYRANO
Vite, cachez flacon, plat, terrine, bourriche!
Hop! — N'ayons l'air de rien!...

   A Ragueneau.

                   Toi, remonte d'un bond
Sur ton siège! — Tout est caché?...
En un clin d'œil tout a été repoussé dans les tentes, ou caché sous les vêtements, sous les manteaux, dans les feutres. — De Guiche entre vivement, — et s'arrête, tout d'un coup, reniflant. — Silence.

Scène VII
LES MÊMES, DE GUICHE

DE GUICHE

                       Cela sent bon.

UN CADET, *chantonnant d'un air détaché*
2050 To lo lo!...

DE GUICHE, *s'arrêtant et le regardant*
         Qu'avez-vous, vous?... Vous êtes tout rouge!

LE CADET
Moi?... Mais rien. C'est le sang. On va se battre :
                       [il bouge!

UN AUTRE
Poum... poum... poum...

DE GUICHE, *se retournant*
         Qu'est cela?

LE CADET, *légèrement gris*

Rien! C'est une chanson!
Une petite...

DE GUICHE

Vous êtes gai, mon garçon!

LE CADET
L'approche du danger!

DE GUICHE, *appelant Carbon de Castel-Jaloux, pour donner un ordre*

Capitaine! je...

Il s'arrête en le voyant.

Peste!
2055 Vous avez bonne mine aussi!

CARBON, *cramoisi, et cachant une bouteille derrière son dos, avec un geste évasif*

Oh!...

DE GUICHE

Il me reste
Un canon que j'ai fait porter...

Il montre un endroit dans la coulisse.

Là, dans ce coin,
Et vos hommes pourront s'en servir au besoin.

UN CADET, *se dandinant*
Charmante attention!

UN AUTRE, *lui souriant gracieusement*

Douce sollicitude!

DE GUICHE
Ah çà! mais ils sont fous! —

Sèchement.

N'ayant pas l'habitude
2060 Du canon, prenez garde au recul.

LE PREMIER CADET

Ah! pfftt!

DE GUICHE, *allant à lui, furieux*

Mais!...

LE CADET
Le canon des Gascons ne recule jamais!

DE GUICHE, *le prenant par le bras et le secouant*
Vous êtes gris!... De quoi?

LE CADET, *superbe*

De l'odeur de la poudre!

DE GUICHE, *haussant les épaules, le repousse et va vivement à Roxane*
Vite, à quoi daignez-vous, Madame, vous résoudre?

ROXANE
Je reste!

DE GUICHE
Fuyez!

ROXANE

Non!

DE GUICHE

Puisqu'il en est ainsi,
2065 Qu'on me donne un mousquet!

CARBON

Comment?

DE GUICHE

Je reste aussi.

CYRANO
Enfin, Monsieur! voilà de la bravoure pure!

PREMIER CADET
Seriez-vous un Gascon malgré votre guipure?

ROXANE
Quoi!...

DE GUICHE
Je ne quitte pas une femme en danger.

DEUXIÈME CADET, *au premier*
Dis donc ! Je crois qu'on peut lui donner à
[manger !
Toutes les victuailles reparaissent comme par enchantement.

DE GUICHE, *dont les yeux s'allument*
2070 Des vivres !

UN TROISIÈME CADET
            Il en sort de sous toutes les vestes !

DE GUICHE, *se maîtrisant, avec hauteur*
Est-ce que vous croyez que je mange vos restes ?

CYRANO, *saluant*
Vous faites des progrès !

DE GUICHE, *fièrement, et à qui échappe sur le dernier mot une légère pointe d'accent*
                Je vais me battre à jeun !

PREMIER CADET, *exultant de joie*
A *jeung* ! Il vient d'avoir l'accent !

DE GUICHE, *riant*
                        Moi !

LE CADET
                        C'en est un !
Ils se mettent tous à danser.

CARBON DE CASTEL-JALOUX, *qui a disparu depuis un moment derrière le talus, reparaissant sur la crête*
J'ai rangé mes piquiers, leur troupe est résolue !
Il montre une ligne de piques qui dépasse la crête.

DE GUICHE, *à Roxane, en s'inclinant*
2075 Acceptez-vous ma main pour passer leur revue ?...
Elle la prend, ils remontent vers le talus. Tout le monde se découvre et les suit.

CHRISTIAN, *allant à Cyrano, vivement*
Parle vite !
Au moment où Roxane paraît sur la crête, les lances disparaissent, abaissées pour le salut, un cri s'élève : elle s'incline.

LES PIQUIERS, *au-dehors*
            Vivat !

CHRISTIAN

Quel était ce secret?...

CYRANO

Dans le cas où Roxane...

CHRISTIAN

Eh bien?

CYRANO

Te parlerait

Des lettres?...

CHRISTIAN

Oui, je sais!...

CYRANO

Ne fais pas la sottise

De t'étonner...

CHRISTIAN

De quoi?

CYRANO

Il faut que je te dise!...

2080 Oh! mon Dieu, c'est tout simple, et j'y pense
[aujourd'hui

En la voyant. Tu lui...

CHRISTIAN

Parle vite!

CYRANO

Tu lui...

As écrit plus souvent que tu ne crois.

CHRISTIAN

Hein?

CYRANO

Dame!

Je m'en étais chargé : j'interprétais ta flamme!

J'écrivais quelquefois sans te dire : j'écris!

CHRISTIAN

2085 Ah?

CYRANO

    C'est tout simple!

CHRISTIAN

                Mais comment t'y es-tu pris,
Depuis qu'on est bloqué, pour?...

CYRANO

                Oh!... avant l'aurore
Je pouvais traverser...

CHRISTIAN, *se croisant les bras*

           Ah! c'est tout simple encore?
Et qu'ai-je écrit de fois par semaine?... Deux? —
                        [Trois? —
Quatre? —

CYRANO

    Plus.

CHRISTIAN

      Tous les jours?

CYRANO

        Oui, tous les jours. — Deux fois.

CHRISTIAN, *violemment*

2090 Et cela t'enivrait, et l'ivresse était telle
Que tu bravais la mort...

CYRANO, *voyant Roxane qui revient*

         Tais-toi! Pas devant elle!
Il rentre vivement dans sa tente.

Scène VIII

ROXANE, CHRISTIAN; *au fond, allées et venues de*
Cadets. CARBON *et* DE GUICHE *donnent des
ordres*

ROXANE, *courant à Christian*
  Et maintenant, Christian!...

CHRISTIAN, *lui prenant les mains*
               Et maintenant, dis-moi
Pourquoi, par ces chemins effroyables, pourquoi

A travers tous ces rangs de soudards et de reîtres,
2095 Tu m'as rejoint ici?

ROXANE

C'est à cause des lettres!

CHRISTIAN
Tu dis?

ROXANE

Tant pis pour vous si je cours ces dangers!
Ce sont vos lettres qui m'ont grisée! Ah! songez
Combien depuis un mois vous m'en avez écrites,
Et plus belles toujours!

CHRISTIAN

Quoi! pour quelques petites
2100 Lettres d'amour...

ROXANE

Tais-toi! Tu ne peux pas savoir!
Mon Dieu, je t'adorais, c'est vrai, depuis qu'un soir,
D'une voix que je t'ignorais, sous ma fenêtre,
Ton âme commença de se faire connaître...
Eh bien! tes lettres, c'est, vois-tu, depuis un mois,
2105 Comme si tout le temps je l'entendais, ta voix
De ce soir-là, si tendre, et qui vous enveloppe!
Tant pis pour toi, j'accours. La sage Pénélope
Ne fût pas demeurée à broder sous son toit,
Si le seigneur Ulysse eût écrit comme toi,
2110 Mais pour le joindre, elle eût, aussi folle
[qu'Hélène,
Envoyé promener ses pelotons de laine!...

CHRISTIAN
Mais...

ROXANE

Je lisais, je relisais, je défaillais,
J'étais à toi. Chacun de ces petits feuillets
Était comme un pétale envolé de ton âme.
2115 On sent à chaque mot de ces lettres de flamme
L'amour puissant, sincère...

CHRISTIAN

                          Ah! sincère et puissant?
Cela se sent, Roxane?...

ROXANE

                     Oh! si cela se sent!

CHRISTIAN
Et vous venez?...

ROXANE

          Je viens (ô mon Christian, mon maître!
Vous me relèveriez si je voulais me mettre
2120 A vos genoux, c'est donc mon âme que j'y mets,
Et vous ne pourrez plus la relever jamais!),
Je viens te demander pardon (et c'est bien l'heure
De demander pardon, puisqu'il se peut qu'on
                            [meure!)
De t'avoir fait d'abord, dans ma frivolité,
2125 L'insulte de t'aimer pour ta seule beauté!

CHRISTIAN, *avec épouvante*
Ah! Roxane!

ROXANE

            Et plus tard, mon ami, moins frivole,
— Oiseau qui saute avant tout à fait qu'il s'envole, —
Ta beauté m'arrêtant, ton âme m'entraînant,
Je t'aimais pour les deux ensemble!...

CHRISTIAN

                         Et maintenant?

ROXANE
2130 Eh bien! toi-même enfin l'emporte sur toi-même
Et ce n'est plus que pour ton âme que je t'aime!

CHRISTIAN, *reculant*
Ah! Roxane!

ROXANE

                    Sois donc heureux. Car n'être aimé
Que pour ce dont on est un instant costumé,
Doit mettre un cœur avide et noble à la torture;

2135 Mais ta chère pensée efface ta figure,
    Et la beauté par quoi tout d'abord tu me plus,
    Maintenant j'y vois mieux... et je ne la vois plus!

CHRISTIAN
    Oh!...

ROXANE
            Tu doutes encor d'une telle victoire?...

CHRISTIAN, *douloureusement*
    Roxane!

ROXANE
            Je comprends, tu ne peux pas y croire,
2140 A cet amour?...

CHRISTIAN
                Je ne veux pas de cet amour!
    Moi, je veux être aimé plus simplement pour...

ROXANE
                                    Pour
    Ce qu'en vous elles ont aimé jusqu'à cette heure?
    Laissez-vous donc aimer d'une façon meilleure!

CHRISTIAN
    Non! c'était mieux avant!

ROXANE
                    Ah! tu n'y entends rien!
2145 C'est maintenant que j'aime mieux, que j'aime
                                    [bien!
    C'est ce qui te fait toi, tu m'entends, que j'adore,
    Et moins brillant...

CHRISTIAN
                Tais-toi!

ROXANE
                    Je t'aimerais encore!
    Si toute ta beauté tout d'un coup s'envolait...

CHRISTIAN
    Oh! ne dis pas cela!

ROXANE
                Si! je le dis!

CHRISTIAN

Quoi? laid?

ROXANE

2150 Laid! je le jure!

CHRISTIAN

Dieu!

ROXANE

Et ta joie est profonde?

CHRISTIAN, *d'une voix étouffée*
Oui...

ROXANE

Qu'as-tu?

CHRISTIAN, *la repoussant doucement*
Rien. Deux mots à dire : une seconde...

ROXANE

Mais?...

CHRISTIAN, *lui montrant un groupe de cadets, au fond*
A ces pauvres gens mon amour t'enleva :
Va leur sourire un peu puisqu'ils vont mourir... va!

ROXANE, *attendrie*
Cher Christian!...
*Elle remonte vers les Gascons qui s'empressent respectueuse-
ment autour d'elle.*

Scène IX

CHRISTIAN, CYRANO; *au fond* ROXANE *causant
avec* CARBON *et quelques* CADETS

CHRISTIAN, *appelant vers la tente de Cyrano*
Cyrano?

CYRANO, *reparaissant, armé pour la bataille*
Qu'est-ce? Te voilà blême!

CHRISTIAN
2155 Elle ne m'aime plus!

CYRANO

Comment?

CHRISTIAN

C'est toi qu'elle aime!

CYRANO
Non!

CHRISTIAN
Elle n'aime plus que mon âme!

CYRANO

Non!

CHRISTIAN

Si!
C'est donc bien toi qu'elle aime, — et tu l'aimes
[aussi!

CYRANO
Moi?

CHRISTIAN
Je le sais.

CYRANO

C'est vrai.

CHRISTIAN

Comme un fou.

CYRANO

Davantage.

CHRISTIAN
Dis-le-lui!

CYRANO

Non!

CHRISTIAN

Pourquoi?

CYRANO

Regarde mon visage!

CHRISTIAN

2160 Elle m'aimerait laid !

CYRANO

Elle te l'a dit !

CHRISTIAN

Là !

CYRANO

Ah ! je suis bien content qu'elle t'ait dit cela !
Mais va, va, ne crois pas cette chose insensée !
— Mon Dieu, je suis content qu'elle ait eu la pensée
De la dire, — mais va, ne la prends pas au mot,
2165 Va, ne deviens pas laid : elle m'en voudrait trop !

CHRISTIAN

C'est ce que je veux voir !

CYRANO

Non, non !

CHRISTIAN

Qu'elle choisisse !
Tu vas lui dire tout !

CYRANO

Non, non ! Pas ce supplice.

CHRISTIAN

Je tuerais ton bonheur parce que je suis beau ?
C'est trop injuste !

CYRANO

Et moi, je mettrais au tombeau
2170 Le tien parce que, grâce au hasard qui fait naître,
J'ai le don d'exprimer... ce que tu sens peut-être ?

CHRISTIAN

Dis-lui tout !

CYRANO

Il s'obstine à me tenter, c'est mal !

CHRISTIAN

Je suis las de porter en moi-même un rival !

CYRANO

Christian !

CHRISTIAN

Notre union — sans témoins — clandestine,
2175 — Peut se rompre, — si nous survivons !

CYRANO

Il s'obstine!...

CHRISTIAN

Oui, je veux être aimé moi-même, ou pas du tout!
— Je vais voir ce qu'on fait, tiens! Je vais jusqu'au
[bout
Du poste; je reviens : parle, et qu'elle préfère
L'un de nous deux!

CYRANO

Ce sera toi!

CHRISTIAN

Mais... je l'espère!

Il appelle.

2180 Roxane!

CYRANO

Non! Non!

ROXANE, *accourant*

Quoi?

CHRISTIAN

Cyrano vous dira

Une chose importante...
Elle va vivement à Cyrano. Christian sort.

Scène X

ROXANE, CYRANO, *puis* LE BRET, CARBON DE
CASTEL-JALOUX, LES CADETS, RAGUENEAU, DE
GUICHE, *etc.*

ROXANE

Importante?

CYRANO, *éperdu*

Il s'en va!...

A Roxane.

Rien!... Il attache, — oh! Dieu! vous devez le
                                   [connaître! —
De l'importance à rien!

ROXANE, *vivement*

                            Il a douté peut-être
De ce que j'ai dit là?... J'ai vu qu'il a douté!...

CYRANO, *lui prenant la main*
2185 Mais avez-vous bien dit, d'ailleurs, la vérité?

ROXANE

Oui, oui, je l'aimerais même...
      Elle hésite une seconde.

CYRANO, *souriant tristement*

                              Le mot vous gêne

Devant moi?

ROXANE

              Mais...

CYRANO

                    Il ne me fera pas de peine!
— Même laid?

ROXANE

            Même laid!
      Mousqueterie au-dehors.

                              Ah! tiens, on a tiré!

CYRANO, *ardemment*
Affreux?

ROXANE

        Affreux!

CYRANO

              Défiguré?

ROXANE

                      Défiguré!

CYRANO
2190 Grotesque?

ROXANE

            Rien ne peut me le rendre grotesque!

CYRANO
  Vous l'aimeriez encore?

ROXANE

                    Et davantage presque!

CYRANO, *perdant la tête, à part*
  Mon Dieu, c'est vrai, peut-être, et le bonheur est là.
    A Roxane.
  Je... Roxane... écoutez!...

LE BRET, *entrant rapidement, appelle à mi-voix*
                    Cyrano!

CYRANO, *se retournant*

                    Hein?

LE BRET

                              Chut!

    Il lui dit un mot tout bas.

CYRANO, *laissant échapper la main de Roxane, avec un cri*
                              Ah!...

ROXANE
  Qu'avez-vous?

CYRANO, *à lui-même, avec stupeur*
        C'est fini.
    Détonations nouvelles.

ROXANE

                Quoi? Qu'est-ce encore? On tire?
    Elle remonte pour regarder au-dehors.

CYRANO
2195 C'est fini, jamais plus je ne pourrai le dire!

ROXANE, *voulant s'élancer*
  Que se passe-t-il?

CYRANO, *vivement, l'arrêtant*
              Rien!
    *Des cadets sont entrés, cachant quelque chose qu'ils portent, et
    ils forment un groupe empêchant Roxane d'approcher.*

ROXANE

Ces hommes?

CYRANO, *l'éloignant*

Laissez-les!...

ROXANE

Mais qu'alliez-vous me dire avant?...

CYRANO

Ce que j'allais
Vous dire?... rien, oh! rien, je le jure, Madame!

Solennellement.

Je jure que l'esprit de Christian, que son âme
2200 Étaient...

Se reprenant avec terreur.

sont les plus grands...

ROXANE

Étaient?

Avec un grand cri.

Ah!...

Elle se précipite et écarte tout le monde.

CYRANO

C'est fini!

ROXANE, *voyant Christian couché dans son manteau*
Christian!

LE BRET, *à Cyrano*
Le premier coup de feu de l'ennemi!

Roxane se jette sur le corps de Christian. Nouveaux coups de feu. Cliquetis. Rumeurs. Tambours.

CARBON DE CASTEL-JALOUX, *l'épée au poing*
C'est l'attaque! Aux mousquets!

Suivi des cadets, il passe de l'autre côté du talus.

ROXANE

Christian!

LA VOIX DE CARBON, *derrière le talus*

Qu'on se dépêche!

ROXANE

Christian!

CARBON

Alignez-vous!

ROXANE

Christian!

CARBON

Mesurez... mèche.

Ragueneau est accouru, apportant de l'eau dans un casque.

CHRISTIAN, *d'une voix mourante*

Roxane!...

CYRANO, *vite et bas à l'oreille de Christian, pendant que Roxane affolée trempe dans l'eau, pour le panser, un morceau de linge arraché à sa poitrine*

J'ai tout dit. C'est toi qu'elle aime encor!

Christian ferme les yeux.

ROXANE

2205 Quoi, mon amour?

CARBON

Baguette haute!

ROXANE, *à Cyrano*

Il n'est pas mort?...

CARBON

Ouvrez la charge avec les dents [1]!

ROXANE

Je sens sa joue

Devenir froide, là, contre la mienne!

---

1. Le mousquetaire déchirait avec les dents la cartouche contenant la charge prête à couler dans le canon du mousquet.

CARBON

En joue!

ROXANE

Une lettre sur lui!

Elle l'ouvre.

Pour moi!

CYRANO, *à part*

Ma lettre!

CARBON

Feu!

Mousqueterie. Cris. Bruit de bataille.

CYRANO, *voulant dégager sa main que tient Roxane agenouillée*
Mais, Roxane, on se bat!

ROXANE, *le retenant*

Restez encore un peu.
2210 Il est mort. Vous étiez le seul à le connaître.

Elle pleure doucement.

— N'est-ce pas que c'était un être exquis, un être
Merveilleux?

CYRANO, *debout, tête nue*
Oui, Roxane.

ROXANE

Un poète inouï,
Adorable?

CYRANO

Oui, Roxane.

ROXANE

Un esprit sublime?

CYRANO

Oui,
Roxane!

ROXANE

Un cœur profond, inconnu du profane,
2215 Une âme magnifique et charmante?

CYRANO, *fermement*

Oui, Roxane!

ROXANE, *se jetant sur le corps de Christian*
Il est mort!

CYRANO, *à part, tirant l'épée*

Et je n'ai qu'à mourir aujourd'hui,
Puisque, sans le savoir, elle me pleure en lui!
Trompettes au loin.

DE GUICHE, *qui reparaît sur le talus, décoiffé, blessé au front,
d'une voix tonnante*
C'est le signal promis! Des fanfares de cuivres!
Les Français vont rentrer au camp avec des vivres!
2220 Tenez encore un peu!

ROXANE

Sur sa lettre, du sang,
Des pleurs!

UNE VOIX, *au-dehors, criant*
Rendez-vous!

VOIX DES CADETS

Non!

RAGUENEAU, *qui, grimpé sur son carrosse, regarde la bataille
par-dessus le talus*

Le péril va croissant!

CYRANO, *à de Guiche, lui montrant Roxane*
Emportez-la! Je vais charger!

ROXANE, *baisant la lettre, d'une voix mourante*

Son sang! ses larmes!...

RAGUENEAU, *sautant à bas du carrosse pour courir vers elle*
Elle s'évanouit!

DE GUICHE, *sur le talus, aux cadets, avec rage*
Tenez bon!

UNE VOIX, *au-dehors*

                          Bas les armes!

VOIX DES CADETS
  Non!

CYRANO, *à de Guiche*

      Vous avez prouvé, Monsieur, votre valeur :
Lui montrant Roxane.

2225 Fuyez en la sauvant!

DE GUICHE, *qui court à Roxane et l'enlève dans ses bras*

                   Soit! Mais on est vainqueur
  Si vous gagnez du temps!

CYRANO

                       C'est bon!
*Criant vers Roxane que de Guiche, aidé de Ragueneau, emporte
évanouie.*

                     Adieu, Roxane!
*Tumulte. Cris. Des cadets reparaissent blessés et viennent tom-
ber en scène. Cyrano se précipitant au combat est arrêté sur la
crête par Carbon de Castel-Jaloux, couvert de sang.*

CARBON
  Nous plions! J'ai reçu deux coups de pertuisane!

CYRANO, *criant aux Gascons*
  Hardi! Reculès pas, drollos [1]!
    A Carbon, qu'il soutient.

                     N'ayez pas peur!
  J'ai deux morts à venger : Christian et mon
                                  [bonheur!
*Ils redescendent. Cyrano brandit la lance où est attaché le
mouchoir de Roxane.*

2230 Flotte, petit drapeau de dentelle à son chiffre!
Il la plante en terre ; il crie aux cadets.

  Toumbé dèssus! Escrasas lous!
    Au fifre.

1. *Drollos!* : garçons!, les gars!

Un air de fifre!

Le fifre joue. Des blessés se relèvent. Des cadets, dégringolant le talus, viennent se grouper autour de Cyrano et du petit drapeau. Le carrosse se couvre et se remplit d'hommes, se hérisse d'arquebuses, se transforme en redoute.

UN CADET, *paraissant, à reculons, sur la crête, se battant toujours, crie*
Ils montent le talus!
et tombe mort.

CYRANO

On va les saluer!
Le talus se couronne en un instant d'une rangée terrible d'ennemis. Les grands étendards des Impériaux se lèvent.

CYRANO
Feu!
Décharge générale.

CRI, *dans les rangs ennemis*
Feu!
Riposte meurtrière. Les cadets tombent de tous côtés.

UN OFFICIER ESPAGNOL, *se découvrant*
Quels sont ces gens qui se font tous tuer?

CYRANO, *récitant debout au milieu des balles*
Ce sont les cadets de Gascogne
2235 De Carbon de Castel-Jaloux;
Bretteurs et menteurs sans vergogne...
Il s'élance, suivi des quelques survivants.

Ce sont les cadets...
Le reste se perd dans la bataille.

RIDEAU

CINQUIÈME ACTE

LA GAZETTE DE CYRANO

Quinze ans après, en 1655. Le parc du couvent que les Dames de la Croix occupaient à Paris [1].

Superbes ombrages. A gauche, la maison; vaste perron sur lequel ouvrent plusieurs portes. Un arbre énorme au milieu de la scène, isolé au milieu d'une petite place ovale. A droite, premier plan, parmi de grands buis, un banc de pierre demi-circulaire.

Tout le fond du théâtre est traversé par une allée de marronniers qui aboutit à droite, quatrième plan, à la porte d'une chapelle entrevue parmi les branches. A travers le double rideau d'arbres de cette allée, on aperçoit des fuites de pelouses, d'autres allées, des bosquets, les profondeurs du parc, le ciel.

La chapelle ouvre une porte latérale sur une colonnade enguirlandée de vigne rougie, qui vient se perdre à droite, au premier plan, derrière les buis.

C'est l'automne. Toute la frondaison est rousse au-dessus des pelouses fraîches. Taches sombres des buis et des ifs restés verts. Une plaque de feuilles jaunes sous chaque arbre. Les feuilles jonchent toute la scène, craquent sous les pas dans les allées, couvrent à demi le perron et les bancs.

Entre le banc de droite et l'arbre, un grand métier à broder devant lequel une petite chaise a été apportée. Paniers pleins d'écheveaux et de pelotons. Tapisserie commencée.

Au lever du rideau, des sœurs vont et viennent dans le parc; quelques-unes sont assises sur le banc autour d'une religieuse plus âgée. Des feuilles tombent.

1. Une sœur de Cyrano — car quoi qu'il dise au vers 2514, Cyrano avait deux sœurs — avait fait profession d'entrer dans ce couvent de dominicaines réformées, et sa cousine, la baronne de Neuvillette, s'y était retirée. Mère Marguerite de Jésus, la prieure (Marie de Sénaux), protégea Cyrano, au dire de Le Bret. XVIIᵉ siècle, siècle des saints : Rostand complète ici l'évocation pittoresque, héroïque, littéraire par celle de la grande spiritualité française.

Scène première

MÈRE MARGUERITE, SŒUR MARTHE, SŒUR
CLAIRE, LES SŒURS

SŒUR MARTHE, *à Mère Marguerite*
Sœur Claire a regardé deux fois comment allait
Sa cornette, devant la glace.

MÈRE MARGUERITE, *à sœur Claire*
C'est très laid.

SŒUR CLAIRE
2240 Mais sœur Marthe a repris un pruneau de la tarte,
Ce matin : je l'ai vu.

MÈRE MARGUERITE, *à sœur Marthe*
C'est très vilain, sœur Marthe.

SŒUR CLAIRE
Un tout petit regard !

SŒUR MARTHE
Un tout petit pruneau !

MÈRE MARGUERITE, *sévèrement*
Je le dirai, ce soir, à monsieur Cyrano.

SŒUR CLAIRE, *épouvantée*
Non ! il va se moquer !

SŒUR MARTHE
Il dira que les nonnes
2245 Sont très coquettes !

SŒUR CLAIRE
Très gourmandes !

MÈRE MARGUERITE, *souriant*
Et très bonnes.

SŒUR CLAIRE
N'est-ce pas, Mère Marguerite de Jésus,
Qu'il vient, le samedi, depuis dix ans !

MÈRE MARGUERITE
Et plus !
Depuis que sa cousine à nos béguins de toile

Mêla le deuil mondain de sa coiffe de voile,
2250 Qui chez nous vint s'abattre, il y a quatorze ans,
Comme un grand oiseau noir parmi des oiseaux
[blancs!

SŒUR MARTHE

Lui seul, depuis qu'elle a pris chambre dans ce
[cloître,
Sait distraire un chagrin qui ne veut pas décroître.

TOUTES LES SŒURS

Il est si drôle! — C'est amusant quand il vient!
2255 — Il nous taquine! — Il est gentil! — Nous
[l'aimons bien!
— Nous fabriquons pour lui des pâtes d'angélique!

SŒUR MARTHE

Mais enfin, ce n'est pas un très bon catholique!

SŒUR CLAIRE

Nous le convertirons.

LES SŒURS

Oui! oui!

MÈRE MARGUERITE

Je vous défends
De l'entreprendre encor sur ce point, mes enfants.
2260 Ne le tourmentez pas: il viendrait moins peut-être!

SŒUR MARTHE

Mais... Dieu!...

MÈRE MARGUERITE

Rassurez-vous: Dieu doit bien le connaître.

SŒUR MARTHE

Mais chaque samedi, quand il vient d'un air fier,
Il me dit en entrant: « Ma sœur, j'ai fait gras, hier! »

MÈRE MARGUERITE

Ah! il vous dit cela?... Eh bien! la fois dernière
2265 Il n'avait pas mangé depuis deux jours.

SŒUR MARTHE

               Ma Mère!

MÈRE MARGUERITE
Il est pauvre.

SŒUR MARTHE

        Qui vous l'a dit?

MÈRE MARGUERITE

           Monsieur Le Bret.

SŒUR MARTHE
On ne le secourt pas?

MÈRE MARGUERITE

           Non, il se fâcherait.

Dans une allée du fond, on voit apparaître Roxane, vêtue de noir, avec la coiffe des veuves et de longs voiles; de Guiche, magnifique et vieillissant, marche auprès d'elle. Ils vont à pas lents. Mère Marguerite se lève.

— Allons, il faut rentrer... Madame Madeleine,
Avec un visiteur, dans le parc se promène.

SŒUR MARTHE, *bas à sœur Claire*
2270 C'est le duc-maréchal de Grammont?

SŒUR CLAIRE, *regardant*

              Oui, je crois.

SŒUR MARTHE
Il n'était plus venu la voir depuis des mois!

LES SŒURS
Il est très pris! — La Cour! — Les camps!

SŒUR CLAIRE

            Les soins du monde!

Elles sortent. De Guiche et Roxane descendent en silence et s'arrêtent près du métier. Un temps.

Scène II

ROXANE, LE DUC DE GRAMMONT, *ancien comte
de Guiche, puis* **LE BRET** *et* **RAGUENEAU**

LE DUC

Et vous demeurerez ici, vainement blonde,
Toujours en deuil ?

ROXANE

            Toujours.

LE DUC

                        Aussi fidèle ?

ROXANE

                              Aussi.

LE DUC, *après un temps*
2275 Vous m'avez pardonné ?

ROXANE, *simplement, regardant la croix du couvent*
               Puisque je suis ici.
Nouveau silence.

LE DUC

Vraiment c'était un être ?...

ROXANE

                    Il fallait le connaître !

LE DUC

Ah ! Il fallait ?... Je l'ai trop peu connu, peut-être !
... Et son dernier billet, sur votre cœur, toujours ?

ROXANE

Comme un doux scapulaire [1], il pend à ce velours.

LE DUC

2280 Même mort vous l'aimez ?

ROXANE

                Quelquefois il me semble
Qu'il n'est mort qu'à demi, que nos cœurs sont
                        [ensemble,
Et que son amour flotte, autour de moi, vivant !

---

1. Le scapulaire est fait de morceaux d'étoffes bénis que l'on porte
au cou.

LE DUC, *après un silence encore*
   Est-ce que Cyrano vient vous voir?

ROXANE

                                   Oui, souvent.
   — Ce vieil ami, pour moi, remplace les gazettes.
2285 Il vient; c'est régulier; sous cet arbre où vous êtes
   On place son fauteuil, s'il fait beau; je l'attends
   En brodant; l'heure sonne, au dernier coup,
                                          [j'entends
   — Car je ne tourne plus même le front! — sa canne
   Descendre le perron; il s'assied; il ricane
2290 De ma tapisserie éternelle; il me fait
   La chronique de la semaine et...

      Le Bret paraît sur le perron.

                                   Tiens, Le Bret!

      Le Bret descend.

   Comment va notre ami?

LE BRET

                        Mal.

LE DUC

                              Oh!

ROXANE, *au duc*

                                   Il exagère!

LE BRET
   Tout ce que j'ai prédit : l'abandon, la misère!...
   Ses épîtres lui font des ennemis nouveaux!
2295 Il attaque les faux nobles, les faux dévots,
   Les faux braves, les plagiaires, — tout le monde[1].

---

1. Cyrano attaqua en effet dans ses Lettres satiriques les faux
nobles (« Lettre à un comte de bas aloi »), des ecclésiastiques
bouffons (Lettre XII de l'édition Lacroix), un faux brave
(Lettre XIX), les plagiaires (Lettres VIII et IX contre Chapelle et
La Mothe Le Vayer).

ROXANE

Mais son épée inspire une terreur profonde.
On ne viendra jamais à bout de lui.

LE DUC, *hochant la tête*

                              Qui sait ?

LE BRET

Ce que je crains, ce n'est pas les attaques, c'est
2300 La solitude, la famine, c'est Décembre
Entrant à pas de loup dans son obscure chambre :
Voilà les spadassins qui plutôt le tueront !
— Il serre chaque jour, d'un cran, son ceinturon.
Son pauvre nez a pris des tons de vieil ivoire.
2305 Il n'a plus qu'un petit habit de serge noire.

LE DUC

Ah ! celui-là n'est pas parvenu ! — C'est égal,
Ne le plaignez pas trop.

LE BRET, *avec un sourire amer*

                    Monsieur le maréchal !...

LE DUC

Ne le plaignez pas trop : il a vécu sans pactes,
Libre dans sa pensée autant que dans ses actes [1].

LE BRET, *de même*
2310 Monsieur le duc !...

LE DUC, *hautainement*

                    Je sais, oui : j'ai tout ; il n'a rien...
Mais je lui serrerais bien volontiers la main.
     Saluant Roxane.
Adieu.

ROXANE

          Je vous conduis.
     Le duc salue Le Bret et se dirige avec Roxane vers le perron.

LE DUC, *s'arrêtant, tandis qu'elle monte*

                         Oui, parfois, je l'envie.
— Voyez-vous, lorsqu'on a trop réussi sa vie,

---

1. La libre pensée du libertin devient pensée libre.

On sent, — n'ayant rien fait, mon Dieu, de
                              [vraiment mal ! —
2315 Mille petits dégoûts de soi, dont le total
Ne fait pas un remords mais une gêne obscure :
Et les manteaux de duc traînent dans leur
                                   [fourrure,
Pendant que des grandeurs on monte les degrés,
Un bruit d'illusions sèches et de regrets,
2320 Comme, quand vous montez lentement vers ces
                                   [portes,
Votre robe de deuil traîne des feuilles mortes.

ROXANE, *ironique*
Vous voilà bien rêveur ?...

LE DUC
                       Eh ! oui !
   Au moment de sortir, brusquement.
                       Monsieur Le Bret !
   A Roxane.
Vous permettez ? Un mot.
   Il va à Le Bret, et à mi-voix.
                   C'est vrai : nul n'oserait
Attaquer votre ami ; mais beaucoup l'ont en haine ;
2325 Et quelqu'un me disait, hier, au jeu, chez la Reine :
« Ce Cyrano pourrait mourir d'un accident. »

LE BRET
Ah ?

LE DUC
    Oui. Qu'il sorte peu. Qu'il soit prudent.

LE BRET, *levant les bras au ciel*
                          Prudent !
Il va venir. Je vais l'avertir. Oui, mais !...

ROXANE, *qui est restée sur le perron, à une sœur qui s'avance vers elle*
                          Qu'est-ce ?

LA SŒUR
Ragueneau veut vous voir, Madame.

ROXANE

                              Qu'on le laisse
2330 Entrer.
    Au duc et à Le Bret.
         Il vient crier misère. Étant un jour
Parti pour être auteur, il devint tour à tour
Chantre...

LE BRET

              Étuviste...

ROXANE

                         Acteur...

LE BRET

                                Bedeau...

ROXANE

                                   Perruquier...

LE BRET

                                        Maître
    De théorbe...

ROXANE

              Aujourd'hui que pourra-t-il bien être ?

RAGUENEAU, *entrant précipitamment*
    Ah ! Madame !
       Il aperçoit Le Bret.
                  Monsieur !

ROXANE, *souriant*

                        Racontez vos malheurs
2335 A Le Bret. Je reviens.

RAGUENEAU

                      Mais, Madame...
    *Roxane sort sans l'écouter, avec le duc. Il redescend vers Le
    Bret.*

Scène III
LE BRET, RAGUENEAU

RAGUENEAU

                              D'ailleurs,
    Puisque vous êtes là, j'aime mieux qu'elle ignore !

— J'allais voir votre ami tantôt. J'étais encore
A vingt pas de chez lui... quand je le vois de loin,
Qui sort. Je veux le joindre. Il va tourner le coin
2340 De la rue... et je cours... lorsque d'une fenêtre
Sous laquelle il passait — est-ce un hasard [1]?...
                                          [peut-être ! —
Un laquais laisse choir une pièce de bois.

LE BRET
Les lâches!... Cyrano!

RAGUENEAU
                    J'arrive et je le vois...

LE BRET
C'est affreux!

RAGUENEAU
          Notre ami, Monsieur, notre poète,
2345 Je le vois, là, par terre, un grand trou dans la tête!

LE BRET
Il est mort?

RAGUENEAU
          Non! mais... Dieu! je l'ai porté chez lui.
Dans sa chambre... Ah! sa chambre! il faut voir
                                          [ce réduit!

1. L'hypothèse d'un attentat contre Cyrano n'est pas retenue par
les historiens. Le Bret en parle évasivement, mais sans rien insi-
nuer de tel. C'est Paul Lacroix, alias le Bibliophile Jacob, qui
risqua la conjecture de l'assassinat. Dans sa thèse, P. Brun l'avait
réfutée. Plus d'un an sépare cette blessure de la mort de Cyrano.
Dans l'« Avertissement » aux *Œuvres diverses*, que Rostand
connaissait bien, Lacroix précise : « Cyrano est mort à la campagne chez son cousin, comme le dit expressément Le Bret. » Son
corps fut « depuis apporté au couvent des Filles de la Croix par les
soins de sa pieuse cousine, la baronne de Neuvillette, et de la
révérende Mère Marguerite de Jésus ». Délibérément, donc, Rostand a choisi l'assassinat anonyme et la mort au couvent, deux
traits sacrificiels.

LE BRET
   Il souffre?

RAGUENEAU
               Non, Monsieur, il est sans connaissance.

LE BRET
   Un médecin?

RAGUENEAU
               Il en vint un par complaisance.

LE BRET
2350 Mon pauvre Cyrano! — Ne disons pas cela
   Tout d'un coup à Roxane! — Et ce docteur?

RAGUENEAU
                                    Il a
   Parlé, — je ne sais plus, — de fièvre, de méninges!...
   Ah! si vous le voyiez — la tête dans des linges!...
   Courons vite! — Il n'y a personne à son chevet! —
2355 C'est qu'il pourrait mourir, Monsieur, s'il se levait!

LE BRET, *l'entraînant vers la droite*
   Passons par là! Viens, c'est plus court! Par la
                                    [chapelle!

ROXANE, *paraissant sur le perron et voyant Le Bret s'éloigner par
   la colonnade qui mène à la petite porte de la chapelle*
   Monsieur Le Bret!

   Le Bret et Ragueneau se sauvent sans répondre.

               Le Bret s'en va quand on l'appelle?
   C'est quelque histoire encor de ce bon Ragueneau!
   Elle descend le perron.

Scène IV

ROXANE *seule, puis* DEUX SŒURS, *un instant*

ROXANE
   Ah! que ce dernier jour de septembre est donc
                                    [beau!
2360 Ma tristesse sourit. Elle qu'Avril offusque,

Se laisse décider par l'automne, moins brusque.

Elle s'assied à son métier. Deux sœurs sortent de la maison et apportent un grand fauteuil sous l'arbre.

Ah! voici le fauteuil classique où vient s'asseoir
Mon vieil ami!

SŒUR MARTHE

                    Mais c'est le meilleur du parloir!

ROXANE
Merci, ma sœur.

Les sœurs s'éloignent.

                    Il va venir.

Elle s'installe. On entend sonner l'heure.

                              Là... l'heure sonne.
2365 — Mes écheveaux! — L'heure a sonné? Ceci
                                        [m'étonne!
Serait-il en retard pour la première fois?
La sœur tourière doit — mon dé?... là, je le vois! —
L'exhorter à la pénitence.

Un temps.

                         Elle l'exhorte!
— Il ne peut plus tarder. — Tiens, une feuille
                                        [morte! —

Elle repousse du doigt la feuille tombée sur son métier.

2370 D'ailleurs, rien ne pourrait, — Mes ciseaux?...
                                        [dans mon sac! —
L'empêcher de venir!

UNE SŒUR, *paraissant sur le perron*
                    Monsieur de Bergerac.

Scène V

ROXANE, CYRANO *et, un moment,* SŒUR
MARTHE

ROXANE, *sans se retourner*
Qu'est-ce que je disais?...

Et elle brode. Cyrano, très pâle, le feutre enfoncé sur les yeux,

paraît. La sœur qui l'a introduit rentre. Il se met à descendre le
perron lentement, avec un effort visible pour se tenir debout, et
en s'appuyant sur sa canne. Roxane travaille à sa tapisserie.

Ah! ces teintes fanées...
Comment les rassortir?

A Cyrano, sur un ton d'amicale gronderie.

Depuis quatorze années,
Pour la première fois, en retard!

CYRANO, *qui est parvenu au fauteuil et s'est assis, d'une voix gaie*
contrastant avec son visage.

Oui, c'est fou!
2375 J'enrage. Je fus mis en retard, vertuchou!...

ROXANE
Par?...

CYRANO
Par une visite assez inopportune.

ROXANE, *distraite, travaillant*
Ah! oui! quelque fâcheux?

CYRANO
Cousine, c'était une
Fâcheuse.

ROXANE
Vous l'avez renvoyée?

CYRANO
Oui, j'ai dit:
Excusez-moi, mais c'est aujourd'hui samedi,
2380 Jour où je dois me rendre en certaine demeure;
Rien ne m'y fait manquer: repassez dans une
                                                    [heure!

ROXANE, *légèrement*
Eh bien! cette personne attendra pour vous voir:
Je ne vous laisse pas partir avant ce soir.

CYRANO, *avec douceur*

Peut-être un peu plus tôt faudra-t-il que je parte.

Il ferme les yeux et se tait un instant. Sœur Marthe traverse le parc de la chapelle au perron. Roxane l'aperçoit, lui fait un petit signe de tête.

ROXANE, *à Cyrano*

2385 Vous ne taquinez pas sœur Marthe?

CYRANO, *vivement, ouvrant les yeux*

Si!

Avec une grosse voix comique.

Sœur Marthe!

Approchez!

La sœur glisse vers lui.

Ha! ha! ha! Beaux yeux toujours baissés!

SŒUR MARTHE, *levant les yeux en souriant*

Mais...

Elle voit sa figure et fait un geste d'étonnement.

Oh!

CYRANO, *bas, lui montrant Roxane*

Chut! Ce n'est rien! —

D'une voix fanfaronne. Haut.

Hier, j'ai fait gras.

SŒUR MARTHE

Je sais.

A part.

C'est pour cela qu'il est si pâle!

Vite et bas.

Au réfectoire

Vous viendrez tout à l'heure, et je vous ferai boire

2390 Un grand bol de bouillon... Vous viendrez?

CYRANO

Oui, oui, oui.

SŒUR MARTHE

Ah! vous êtes un peu raisonnable, aujourd'hui!

ROXANE, *qui les entend chuchoter*

Elle essaye de vous convertir?

SŒUR MARTHE

Je m'en garde!

CYRANO

Tiens, c'est vrai! Vous toujours si saintement
                                        [bavarde,
Vous ne me prêchez pas? c'est étonnant, ceci!...

Avec une fureur bouffonne.

2395 Sabre de bois! Je veux vous étonner aussi!
Tenez, je vous permets...

Il a l'air de chercher une bonne taquinerie, et de la trouver.

                              Ah! la chose est nouvelle?...
De... de prier pour moi, ce soir, à la chapelle.

ROXANE

Oh! oh!

CYRANO, *riant*

              Sœur Marthe est dans la stupéfaction!

SŒUR MARTHE, *doucement*

Je n'ai pas attendu votre permission.

Elle rentre.

CYRANO, *revenant à Roxane, penchée sur son métier*
2400 Du diable si je peux jamais, tapisserie,
Voir ta fin!

ROXANE

              J'attendais cette plaisanterie.

A ce moment un peu de brise fait tomber les feuilles.

CYRANO

Les feuilles!

ROXANE, *levant la tête, et regardant au loin, dans les allées*
              Elles sont d'un blond vénitien.
Regardez-les tomber.

CYRANO

                        Comme elles tombent bien!
Dans ce trajet si court de la branche à la terre,
2405 Comme elles savent mettre une beauté dernière,
Et malgré leur terreur de pourrir sur le sol,
Veulent que cette chute ait la grâce d'un vol!

ROXANE

Mélancolique, vous?

CYRANO, *se reprenant*

                        Mais pas du tout, Roxane!

ROXANE

Allons, laissez tomber les feuilles de platane...
2410 Et racontez un peu ce qu'il y a de neuf.
Ma gazette [1] ?

CYRANO

Voici.

ROXANE

Ah !

CYRANO, *de plus en plus pâle, et luttant contre la douleur*

Samedi, dix-neuf :
Ayant mangé huit fois du raisiné de Cette,
Le Roi fut pris de fièvre ; à deux coups de lancette
Son mal fut condamné pour lèse-majesté,
2415 Et cette auguste pouls n'a plus fébricité !
Au grand bal, chez la reine, on a brûlé, dimanche,
Sept cent soixante-trois flambeaux de cire blanche ;
Nos troupes ont battu, dit-on, Jean l'Autrichien ;
On a pendu quatre sorciers ; le petit chien
2420 De madame d'Athis a dû prendre un clystère...

ROXANE

Monsieur de Bergerac, voulez-vous bien vous taire !

CYRANO

Lundi... rien. Lygdamire a changé d'amant.

ROXANE

Oh !

1. La gazette de Cyrano s'inspire de celle de Loret (*La Muse historique*). Rostand a pu aussi penser à la *Gazette burlesque* (ou recueil des *Épîtres en vers burlesques de Scarron et d'autres auteurs sur ce qui s'est passé de plus remarquable en l'année 1655*), publiée par l'éditeur Delahays dans sa « Bibliothèque gauloise » dirigée par Paul Lacroix. La gazette de Loret indique la fièvre du roi, le bal aux sept cents flambeaux. Don Juan d'Autriche ne fut pas « battu » en 1655 (simples combats douteux en octobre) — mais par Turenne à la bataille des Dunes en 1658. Madame d'Athis figure dans Tallemant. Lygdamire, selon Somaize, est la duchesse de Longueville, la sœur de Condé, une conquête d'Aramis. L'histoire romanesque de Marie Mancini est fameuse. Madame de Montglat et le comte de Fiesque viennent probablement de l'*Histoire amoureuse des Gaules*, « roman satirique » de Bussy-Rabutin, édité par Paul Lacroix dans la « Bibliothèque gauloise » déjà citée.

CYRANO, *dont le visage s'altère de plus en plus*
Mardi, toute la cour est à Fontainebleau.
Mercredi, la Montglat dit au comte de Fiesque :
2425 Non! Jeudi : Mancini, reine de France, — ou
[presque!
Le vingt-cinq, la Monglat à de Fiesque dit : Oui;
Et samedi, vingt-six...
Il ferme les yeux. Sa tête tombe. Silence.

ROXANE, *surprise de ne plus rien entendre, se retourne, le
regarde, et se levant effrayée*
Il est évanoui?
Elle court vers lui en criant.
Cyrano!

CYRANO, *rouvrant les yeux, d'une voix vague*
Qu'est-ce?... Quoi?...
*Il voit Roxane penchée sur lui et, vivement, assurant son cha-
peau sur sa tête et reculant avec effroi dans son fauteuil.*
Non! non! je vous assure,
Ce n'est rien. Laissez-moi!

ROXANE
Pourtant...

CYRANO
C'est ma blessure
2430 D'Arras... qui... quelquefois... vous savez...

ROXANE
Pauvre ami!

CYRANO
Mais ce n'est rien. Cela va finir.
Il sourit avec effort.
C'est fini.

ROXANE, *debout près de lui*
Chacun de nous a sa blessure : j'ai la mienne.
Toujours vive, elle est là, cette blessure ancienne,
Elle met la main sur sa poitrine.
Elle est là, sous la lettre au papier jaunissant

2435 Où l'on peut voir encor des larmes et du sang!
Le crépuscule commence à venir.

CYRANO

Sa lettre!... N'aviez-vous pas dit qu'un jour,
[peut-être,

Vous me la feriez lire?

ROXANE

Ah! vous voulez?... Sa lettre?

CYRANO

Oui... Je veux... Aujourd'hui...

ROXANE, *lui donnant le sachet pendu à son cou*

Tenez!

CYRANO, *le prenant*

Je peux ouvrir?

ROXANE

Ouvrez... lisez!...
Elle revient à son métier, le replie, range ses laines.

CYRANO, *lisant*

« *Roxane, adieu, je vais mourir!...* »

ROXANE, *s'arrêtant, étonnée*

2440 Tout haut?

CYRANO, *lisant*

« *C'est pour ce soir, je crois, ma bien-aimée!*
« *J'ai l'âme lourde encor d'amour inexprimée,*
« *Et je meurs! jamais plus, jamais mes yeux grisés,*
« *Mes regards dont c'était...* »

ROXANE

Comme vous la lisez,

Sa lettre!

CYRANO, *continuant*

« *... dont c'était les frémissantes fêtes,*
2445 « *Ne baiseront au vol les gestes que vous faites;*
« *J'en revois un petit qui vous est familier*
« *Pour toucher votre front, et je voudrais crier...* »

ROXANE, *troublée*
Comme vous la lisez, — cette lettre !
La nuit vient insensiblement.

CYRANO

                                    « Et je crie :
« Adieu !... »

ROXANE

                    Vous la lisez...

CYRANO

                                    « Ma chère, ma chérie,
2450 *« Mon trésor... »*

ROXANE, *rêveuse*

                    D'une voix...

CYRANO

                                    « Mon amour !... »

ROXANE

                                        D'une voix...

Elle tressaille.
Mais... que je n'entends pas pour la première fois !
Elle s'approche tout doucement, sans qu'il s'en aperçoive, passe
derrière le fauteuil, se penche sans bruit, regarde la lettre. —
L'ombre augmente.

CYRANO

« Mon cœur ne vous quitta jamais une seconde,
« Et je suis et serai jusque dans l'autre monde
« Celui qui vous aima sans mesure, celui... »

ROXANE, *lui posant la main sur l'épaule*
2455 Comment pouvez-vous lire à présent ? Il fait nuit.
Il tressaille, se retourne, la voit là tout près, fait un geste d'effroi,
baisse la tête. Un long silence. Puis, dans l'ombre complètement
venue, elle dit avec lenteur, joignant les mains :
Et pendant quatorze ans, il a joué ce rôle
D'être le vieil ami qui vient pour être drôle !

CYRANO
Roxane !

ROXANE

                    C'était vous.

CYRANO

                                    Non, non, Roxane, non !

ROXANE
J'aurais dû deviner quand il disait mon nom!

CYRANO
2460 Non! ce n'était pas moi!

ROXANE
                         C'était vous!

CYRANO
                                        Je vous jure...

ROXANE
J'aperçois toute la généreuse imposture :
Les lettres, c'était vous...

CYRANO
                         Non!

ROXANE
                                   Les mots chers et fous,
    C'était vous...

CYRANO
                    Non!

ROXANE
                            La voix dans la nuit, c'était vous!

CYRANO
Je vous jure que non!

ROXANE
                         L'âme, c'était la vôtre!

CYRANO
2465 Je ne vous aimais pas.

ROXANE
                              Vous m'aimiez!

CYRANO, *se débattant*

C'était l'autre!

ROXANE

Vous m'aimiez!

CYRANO, *d'une voix qui faiblit*

Non!

ROXANE

Déjà vous le dites plus bas!

CYRANO

Non, non, mon cher amour, je ne vous aimais pas!

ROXANE

Ah! que de choses qui sont mortes... qui sont nées!
— Pourquoi vous être tu pendant quatorze années,
2470 Puisque sur cette lettre où lui n'était pour rien,
Ces pleurs étaient de vous?

CYRANO, *lui tendant la lettre*

Ce sang était le sien.

ROXANE

Alors pourquoi laisser ce sublime silence
Se briser aujourd'hui?

CYRANO

Pourquoi?...
Le Bret et Ragueneau entrent en courant.

Scène VI

LES MÊMES, LE BRET *et* RAGUENEAU

LE BRET

Quelle imprudence!

Ah! j'en étais bien sûr! il est là!

CYRANO, *souriant et se redressant*

Tiens, parbleu!

LE BRET

2475 Il s'est tué, Madame, en se levant!

ROXANE

Grand Dieu!

Mais tout à l'heure alors... cette faiblesse?...

                                          [cette?...

CYRANO

C'est vrai! je n'avais pas terminé ma gazette :
... Et samedi, vingt-six, une heure avant dîné,
Monsieur de Bergerac est mort assassiné.
Il se découvre; on voit sa tête entourée de linges.

ROXANE

2480 Que dit-il? — Cyrano! — Sa tête enveloppée!...
Ah! que vous a-t-on fait? Pourquoi?

CYRANO

                              « D'un coup d'épée,
Frappé par un héros, tomber la pointe au

                                 [cœur! »...
— Oui, je disais cela!... Le destin est railleur!...
Et voilà que je suis tué dans une embûche,
2485 Par-derrière, par un laquais, d'un coup de bûche!
C'est très bien. J'aurai tout manqué, même ma

                                       [mort.

RAGUENEAU

Ah! Monsieur!...

CYRANO

                        Ragueneau, ne pleure pas si fort!...
Il lui tend la main.
Qu'est-ce que tu deviens, maintenant, mon

                                    [confrère?

RAGUENEAU, *à travers ses larmes*

Je suis moucheur de... de... chandelles, chez

                                    [Molière [1].

CYRANO

2490 Molière!

RAGUENEAU

                Mais je veux le quitter, dès demain;

---

1. Rostand a pu trouver ces détails dans le dictionnaire de Jal.
Après sa ruine, Ragueneau prit le nom de d'Estang et tint de bas
emplois dans la troupe de Molière. Sa fille Marie épousa le comédien La Grange.

Oui, je suis indigné !... Hier, on jouait *Scapin*,
Et j'ai vu qu'il vous a pris une scène [1] !

LE BRET

Entière !

RAGUENEAU
Oui, Monsieur, le fameux : « Que diable allait-il
[faire ?... »

LE BRET, *furieux*
Molière te l'a pris !

CYRANO

Chut ! chut ! Il a bien fait !...

A Ragueneau.
2495 La scène, n'est-ce pas, produit beaucoup d'effet ?

RAGUENEAU, *sanglotant*
Ah ! Monsieur, on riait ! on riait !

CYRANO

Oui, ma vie
Ce fut d'être celui qui souffle, — et qu'on oublie !

A Roxane.

Vous souvient-il du soir où Christian vous parla
Sous le balcon ? Eh bien ! toute ma vie est là :
2500 Pendant que je restais en bas, dans l'ombre noire,
D'autres montaient cueillir le baiser de la gloire !
C'est justice, et j'approuve au seuil de mon tombeau :
Molière a du génie et Christian était beau !

*A ce moment, la cloche de la chapelle ayant tinté, on voit passer
au fond, dans l'allée, les religieuses se rendant à l'office.*

Qu'elles aillent prier puisque leur cloche sonne !

ROXANE, *se relevant pour appeler*
2505 Ma sœur ! ma sœur !

---

1. On connaît la scène de la galère dans *Les Fourberies de Scapin*
(acte II, scène 7), qui sont de 1671. Voyez *Le Pédant joué* (1645?),
acte II, scène 4. Plagiat flagrant, malgré le roman de Grimarest
(ami de jeunesse de Cyrano, Molière lui aurait inspiré cette scène
et ensuite « repris son bien où il le trouvait »). *Les Fourberies* sont
d'ailleurs un brillant patchwork d'emprunts manifestes.

CYRANO, *la retenant*

       Non! non! n'allez chercher personne :
Quand vous reviendriez, je ne serais plus là.

Les religieuses sont entrées dans la chapelle, on entend l'orgue.

Il me manquait un peu d'harmonie... en voilà.

ROXANE
Je vous aime, vivez!

CYRANO

       Non! car c'est dans le conte
Que lorsqu'on dit : Je t'aime! au prince plein de
                             [honte,
2510 Il sent sa laideur fondre à ces mots de soleil...
Mais tu t'apercevrais que je reste pareil.

ROXANE
J'ai fait votre malheur! moi! moi!

CYRANO

                Vous?... au contraire!
J'ignorais la douceur féminine. Ma mère
Ne m'a pas trouvé beau. Je n'ai pas eu de sœur.
2515 Plus tard, j'ai redouté l'amante à l'œil moqueur.
Je vous dois d'avoir eu, tout au moins, une amie.
Grâce à vous une robe a passé dans ma vie.

LE BRET, *lui montrant le clair de lune qui descend à travers les branches*
Ton autre amie est là, qui vient te voir!

CYRANO, *souriant à la lune*

                            Je vois.

ROXANE
Je n'aimais qu'un seul être et je le perds deux fois!

CYRANO
2520 Le Bret, je vais monter dans la lune opaline,
Sans qu'il faille inventer, aujourd'hui, de
                             [machine...

ROXANE
Que dites-vous?

CYRANO

         Mais oui, c'est là, je vous le dis,

Que l'on va m'envoyer faire mon paradis.
Plus d'une âme que j'aime y doit être exilée,
2525 Et je retrouverai Socrate et Galilée [1]!

LE BRET, *se révoltant*
    Non, non! C'est trop stupide à la fin, et c'est trop
Injuste! Un tel poète! Un cœur si grand, si haut!
Mourir ainsi!... Mourir!...

CYRANO
                            Voilà Le Bret qui grogne!

LE BRET, *fondant en larmes*
    Mon cher ami...

CYRANO, *se soulevant, l'œil égaré*
                    Ce sont les cadets de Gascogne...
2530 — La masse élémentaire [2]... Eh oui!... voilà le *hic*...

LE BRET
    Sa science... dans son délire!

CYRANO
                            Copernic
    A dit...

ROXANE
        Oh!

CYRANO
            Mais aussi que diable allait-il faire,
    Mais que diable allait-il faire en cette galère?...

                Philosophe, physicien,
2535   Rimeur, bretteur, musicien,
                Et voyageur aérien,
            Grand riposteur du tac au tac,

1. Le narrateur du voyage dans la Lune y dialogue avec le démon
de Socrate. Galilée manifeste la haute science de Cyrano et sym-
bolise la vérité victime des préjugés. 2. La masse élémentaire est
l'état originel de la matière. L'Espagnol des *Estats de la Lune*
professe l'unité de la matière, idée redevenue neuve à la fin du
XIXᵉ siècle (« tout est en tout, c'est-à-dire que dans l'eau par
exemple il y a du feu; dedans le feu, de l'eau »; éd. Alcover, p. 31).

Amant aussi — pas pour son bien! —
Ci-gît Hercule-Savinien
2540   De Cyrano de Bergerac
Qui fut tout, et qui ne fut rien,

... Mais je m'en vais, pardon, je ne peux faire
[attendre :
Vous voyez, le rayon de lune vient me prendre!

Il est retombé assis, les pleurs de Roxane le rappellent à la
réalité, il la regarde, et caressant ses voiles :

Je ne veux pas que vous pleuriez moins ce
[charmant,
2545 Ce bon, ce beau Christian; mais je veux seulement
Que lorsque le grand froid aura pris mes vertèbres,
Vous donniez un sens double à ces voiles funèbres,
Et que son deuil sur vous devienne un peu mon
[deuil.

ROXANE
Je vous jure!...

CYRANO, *est secoué d'un grand frisson et se lève brusquement*
Pas là! non! pas dans ce fauteuil!

On veut s'élancer vers lui.

2550 — Ne me soutenez pas! — Personne!

Il va s'adosser à l'arbre.

Rien que l'arbre!

Silence.

Elle vient. Je me sens déjà botté de marbre,
— Ganté de plomb!

Il se raidit.

Oh! mais!... puisqu'elle est en chemin,
Je l'attendrai debout,

Il tire l'épée.

et l'épée à la main!

LE BRET
Cyrano!

ROXANE, *défaillante*
Cyrano!

Tous reculent épouvantés.

CYRANO

Je crois qu'elle regarde...
2555 Qu'elle ose regarder mon nez, cette Camarde!

Il lève son épée.

Que dites-vous?... C'est inutile?... Je le sais!
Mais on ne se bat pas dans l'espoir du succès!
Non! non! c'est bien plus beau lorsque c'est inutile!
— Qu'est-ce que c'est que tous ceux-là? — Vous
[êtes mille?
2560 Ah! je vous reconnais, tous mes vieux ennemis!
Le Mensonge?

Il frappe de son épée le vide.

Tiens, tiens! — Ha! ha! les Compromis,
Les Préjugés, les Lâchetés!...

Il frappe.

Que je pactise?
Jamais, jamais! — Ah! te voilà, toi, la Sottise!
— Je sais bien qu'à la fin vous me mettrez à bas;
2565 N'importe : je me bats! je me bats! je me bats!

Il fait des moulinets immenses et s'arrête haletant.

Oui, vous m'arrachez tout, le laurier et la rose!
Arrachez! Il y a malgré vous quelque chose
Que j'emporte, et ce soir, quand j'entrerai chez
[Dieu,
Mon salut balaiera largement le seuil bleu,
2570 Quelque chose que sans un pli, sans une tache,
J'emporte malgré vous,

Il s'élance l'épée haute.

et c'est...

L'épée s'échappe de ses mains, il chancelle, tombe dans les bras de Le Bret et de Ragueneau.

ROXANE, *se penchant sur lui et lui baisant le front*
C'est?...

CYRANO, *rouvre les yeux, la reconnaît et dit en souriant*
Mon panache.

RIDEAU

Annexes

Cyrano de Bergerac

On trouvera ci-après la préface de Le Bret à l'*Histoire comique des Estats et Empires de la Lune*, qui, comme nous l'avons dit, est la source principale, non seulement de Rostand, mais de tous les biographes de Cyrano.

On saura d'abord que Savinien de Cyrano n'était nullement gascon : il est né à Paris en 1619. Rostand ne pouvait guère l'ignorer, car l'érudit A. Jal, dans son *Dictionnaire critique de biographie et d'histoire* (2ᵉ éd., 1872), avait rectifié une erreur due au silence de Le Bret, au nom de Bergerac, que Savinien s'était approprié d'après une petite terre familiale à proximité de Paris, au fait qu'il servit dans la compagnie de Carbon de Casteljaloux, dont Le Bret dit par ailleurs qu'elle était surtout composée de Gascons.

Cela dit, jusqu'à Jal, tout le monde, et Paul Lacroix, l'éditeur, a été persuadé que Cyrano était gascon.

Pour le reste, Le Bret est plus explicite. Cyrano participe en 1639 et 1640 aux campagnes en Champagne et en Picardie. Chaque fois blessé, il l'est assez gravement, au siège d'Arras, pour quitter le service. L'inséparable Le Bret en fait autant.

Commence alors sa vie littéraire. Frédéric Lachèvre, dans son édition des *Œuvres libertines* de Cyrano de Bergerac, réimprimées par Slatkine en 1968, publie des documents curieux (un contrat avec un maître à danser, puis un maître d'armes en 1641, etc.). L'interprétation de ces pièces n'est pas toujours évidente. On retiendra comme certain (pourquoi douter de Le Bret et d'autres témoignages concordants?) que Cyrano fut réellement un duelliste redouté, et qu'il se signala par des frasques assez monumentales. L'histoire de Montfleury, donnée par les *Menagiana*, est assez douteuse.

On lira l'affaire de la porte de Nesle dans Le Bret, qui ne nomme pas Lignières à cet endroit (ce sont les *Menagiana* qui donnent son nom).

Il aurait fréquenté Gassendi au collège de Lisieux, à Paris. Il se lie certainement avec Tristan l'Hermite, pour qui il montre une grande admiration.

On croit encore que vers 1645 sa vie change. Il est malade — de la syphilis probablement. C'est vers cette date qu'il aurait écrit *Le Pédant joué*, et commencé la série de ses *Lettres*. En 1649 on lui attribue, avec presque certitude, une « mazarinade », *Le Ministre d'État flambé*, violente, mais pas plus que bien d'autres. Surprise : l'année suivante il écrit sa *Lettre contre les Frondeurs*, volte-face complète. Il se déclare ennemi de Scarron et se brouille avec le poète d'Assoucy, jusque-là son ami.

Décidément Cyrano se range. Il s'attache au duc d'Arpajon, grand seigneur, homme de guerre et d'aventures ; il lui dédie, entre autres, *La Mort d'Agrippine*, sa tragédie, jouée en 1653, mais qui tombe vite, peut-être par quelque scandale d'impiété. En 1654 sont publiées chez Charles de Sercy les *Œuvres diverses*, comprenant ses *Lettres*, *Le Pédant joué* et *La Mort d'Agrippine*.

C'est cette année-là qu'une pièce de bois lui tombe sur la tête. Malade, il perd la protection du duc d'Arpajon, pour une raison qu'on ne peut que conjecturer, et trouve protection auprès de Tanneguy Renault des Boisclairs, dédicataire du texte de Le Bret. Il mourra le 28 juillet 1655 chez un des ses cousins.

Deux ans plus tard, Le Bret publiait les *Estats et Empires de la Lune*. Les *Estats et Empires du Soleil* parurent en 1662.

La vie de Cyrano
par Le Bret

(Préface aux *Estats et Empires de la Lune*)

A Messire Tanneguy Renault des Boisclairs,
Chevalier, Conseiller du Roy en ses Conseils, et
Grand Prevost de Bourgogne et Bresse

Monsieur,

Je satisfaits à la dernière volonté d'un mort que vous obligeastes d'un signalé bienfait pendant sa vie. Comme il estoit connu d'une infinité de gens d'esprit, par le beau feu du sien, il fut absolument impossible que beaucoup de personnes ne sceussent la disgrace qu'une dangereuse blessure, suivie d'une violente fièvre, luy causa quelques mois devant sa mort. [...]

Le Bret fait honneur au dédicataire d'avoir recueilli Cyrano
malade et mourant.

PRÉFACE

Lecteur, je te donne l'ouvrage d'un mort qui m'a chargé de ce soin, pour te faire connoistre qu'il n'est pas un mort du commun,

Puisqu'il n'est point couvert de ces tristes lambeaux
Qu'une ombre desolée emporte des tombeaux,

qu'il ne s'amuse point à faire de vaines plaintes, à renverser les meubles d'une chambre, et à traisner des chaisnes dans un grenier, qu'il ne souffle point la chandelle dans une cave, qu'il ne bat personne, qu'il ne fait point le cochemar, ny le Moyne-Bouru, ny enfin aucune des fadaises dont on dit que les autres morts espouvantent les sots; et qu'au contraire de tout cela il est d'aussi belle humeur que jamais. Je croy qu'une façon d'agir si agreable et si extraordinaire dans un mort, suspendra le chagrin des plus critiques en faveur de cet ouvrage, parce qu'il y auroit double lascheté d'insulter à des Manes si remplies de bienveillance, et si soigneux du divertissement des vivans. Mais que cela soit ou ne soit pas, que le critique le revere ou le morde, je suis asseuré qu'il s'en souciera d'autant moins que sa belle humeur est l'unique chose de ce monde qu'il ait retenue en l'autre ; de sorte qu'estant impassible à tout le reste, quelque coup que la médisance luy porte, il ne fera que blanchir. [...]

Peut-estre toutefois que sans mettre ces choses en consideration, le critique qui ne se dément jamais, biaisant au reproche qu'il pourroit encourir s'il attaquoit un mort, changera seulement d'objets, et pretendra me rendre caution de l'evenement de ce livre, sous ombre que je me suis donné le soin de son impression : mais j'appelle dés à present de son sentiment à celuy des sages, qui me dispenseront toûjours d'estre responsable des faits d'autruy, et de rendre raison d'un pur effet de l'imagination de mon amy, qui luy-mesme n'auroit pas entrepris d'en donner de plus solides que celles qu'on rend ordinairement des fables et des romans.

Je diray seulement par forme de manifeste en sa faveur, que sa chimere n'est pas si absolument dépourvue de vray-semblance, qu'entre plusieurs grands hommes anciens et modernes, quelques-uns n'ayent crû que la lune estoit une terre habitable ; d'autres qu'elle estoit habitée ; et d'autres plus retenus, qu'elle leur sembloit telle. Entre les premiers et les seconds, Heraclite a soustenu qu'elle estoit une terre entourée de brouillards ; Xenophanes, qu'elle estoit habitable ; Anaxagoras, qu'elle avoit des colines, des valées, des forests, des maisons, des rivieres et des mers (*in* Diog. Laert., *De Vitis philosoph.*) ; et Lucien, qu'il y avoit veu des hommes avec lesquels il avoit conversé et fait la guerre contre les habitans du soleil, ce qu'il conte toutefois avec beaucoup moins de vray-semblance et de gentillesse d'imagination que Monsieur de Bergerac. En quoy certainement les modernes l'emportent sur les anciens, puis que les gansars [1] qui y porterent l'Espagnol dont le livre parut icy il y a douze ou quinze ans ; les bouteilles pleines de rosée, les fuzées volantes et le chariot d'acier de Monsieur de Bergerac, sont des machines bien plus agreablement imaginées, que le vaisseau dont se servit Lucien pour y monter. Enfin entre les derniers, le Pere de Mersenne (*Liv. des quest. inouy.* chap. 9 et 17), dont la grande pieté et la science profonde ont esté également admirées de ceux qui l'ont connu, a douté si la lune n'estoit pas une terre, à cause des eaux qu'il y remarquoit et que celles qui environnent la terre où nous sommes en pourroit faire conjecturer la mesme chose à ceux qui en seroient esloignez de soixante demy diametres terrestres, comme nous sommes de la lune : ce qui peut passer pour une espece d'affirmation, parce que le doute dans un si grand homme est toûjours fondé sur une bonne raison, au

1. Oies.

moins sur plusieurs apparences qui y equipolent. Gilbert (Lib. 2, *Philos. magnet.*, cap. 13 et 14) se declare plus precisément sur le mesme sujet, car il veut que la lune soit une terre, mais plus petite que la nostre, et il s'efforce de le prouver par les convenances qui sont entre celle-cy et celle-là. Henry le Roy (Lib. 2, *Philos. nat.*) et François Patrice (Lib. 2, *Pans. com.*) sont de ce sentiment, et expliquent fort au long sur quelles apparences ils se fondent, soustenant enfin que nostre terre et la lune se servent de lunes reciproquement.

Je sçay que les Peripateticiens ont esté d'opinion contraire, et qu'ils ont soutenu que la lune ne pouvoit estre une terre, parce qu'elle ne portoit point d'animaux, qu'ils n'y auroient pû estre que par la generation et la corruption, que la lune est incorruptible, qu'elle a toûjours esté portée d'une situation stable et constante, et qu'on n'y a remarqué aucun changement depuis le commencement du monde jusqu'à present. Mais Hevelius leur répond (Pag. 119, 133, 134, 249, 297 et alibi.), que nostre terre, quelque corruptible qu'elle nous paroisse, n'a pas laissé de durer autant que la lune, où il s'est pû faire des corruptions dont nous ne nous sommes jamais apperceus, parce qu'elles s'y sont faites dans ses moindres parties, et sur sa simple surface, comme celles qui se font sur la surface de nostre terre, où nous ne les pourions découvrir, si nous en estions aussi esloignez que de la lune. Il adjouste plusieurs autres raisonnements qu'il confirme par un telescope de son invention, avec quoy il dit (et l'experience en est facile et familiere) qu'il a découvert dans la lune que les parties plus luysantes et plus épaisses, les grandes et les petites, ont un juste rapport avec nos mers, nos rivieres, nos lacs, nos plaines, nos montagnes, et nos forests.

Enfin nostre divin Gassendi si sage, si modeste, et si sçavant en toutes choses, ayant voulu se divertir, comme je croy qu'ont voulu faire les autres, a escrit sur ce sujet (Lib. *De Meteorol. Epic.* pag. 882), de mesme Hevelius, adjoustant qu'il croit qu'il y a des montagnes dans la lune hautes quatre fois comme le Mont Olympe, à prendre sa hauteur sur celle que luy donne Xenagoras, c'est à dire de quarante stades, qui reviennent environ à cinq milles d'Italie.

Tout cela, Lecteur, te peut faire connoistre que Monsieur de Bergerac ayant eu tant de grands hommes de son sentiment, il est d'autant plus à louer, qu'il a traitté plaisamment une chimere dont ils ont traitté trop serieusement. Aussi avoit-il cela de particulier, qu'il croyoit qu'on devoit rire, et douter de tout ce que certaines gens asseurent bien souvent aussi opiniastrément que ridiculement; en sorte que je luy ay ouy dire beaucoup de fois qu'il [y] avoit autant de farceurs qu'il rencontroit de Sidias (c'est le nom d'un pedant que Theophile dans ses fragmens comiques fait battre à coups de poing contre un jeune homme à qui le pedant opiniastroit qu'*odor in pomo non erat forma sed accidens* [1]), parce qu'il croyoit qu'on pouvoit donner ce nom à ceux qui disputent avec la mesme opiniastreté de choses aussi inutiles.

L'education que nous avions eue ensemble chez un bon prestre de la campagne qui tenoit de petits pensionnaires, nous avoit fait amis dés nostre plus tendre jeunesse; et je me souviens de l'aversion qu'il avoit dés ce temps-là pour ce qui luy paroissoit l'ombre d'un Sidias, parce que dans la pensée que cet homme en tenoit un peu, il le croyoit incapable de luy enseigner quelque chose, de sorte qu'il faisoit si peu d'estat de ses leçons et de ses corrections, que son pere qui estoit un bon vieil gentilhomme assez indiferent pour l'education de ses enfants, et trop credule aux plaintes de celuy-cy, l'en retira un peu trop brusquement; et sans s'informer si son fils seroit mieux autre part, il l'envoya en cette ville, où il le laissa jusqu'à dix-neuf ans sur sa bonne foy. Cét âge où la nature se corrompt plus aisément, et la grande liberté qu'il avoit de ne faire que ce que bon luy sembloit, le porterent sur un dangereux penchant, où j'ose dire que je l'arrestay : parce qu'ayant achevé mes estudes, et mon pere voulant que je servisse dans les Gardes, je l'obligeay d'entrer avec moy dans la compagnie de Monsieur de Carbon Casteljaloux. Les duels qui sembloient en ce temps-là l'unique et plus prompt moyen de se faire connoistre, le rendirent en si peu de jours si fameux, que les Gascons qui composoient presque seuls cette compagnie, le consideroient comme le démon de la bravoure, et en comptoient autant de combats que de jours qu'il y estoit entré. Tout cela cependant ne le destournoit point de ses estudes, et je le vis un jour dans un corps de Garde travailler à une elegie avec aussi peu de distraction, que s'il eust esté dans un cabinet fort esloigné du bruit. Il alla quelque temps apres au siege de Mouzon, où il receut un coup de mousquet au travers du corps, et depuis un coup d'espée dans la gorge au siege d'Arras en 1640. Mais les incommoditez qu'il souffrit pendant ces deux sieges, celles que luy laisserent ces deux grandes playes, les frequens combats que luy attiroit la reputation de son courage et de son adresse, qui l'engagerent plus de cent fois à estre second (car il n'eut jamais une querelle de son chef), le peu d'esperance qu'il avoit d'estre consideré, faute d'un patron aupres de qui son genie tout libre le rendoit incapable de s'assujettir, et enfin le grand amour qu'il avoit pour l'estude, le firent entierement renoncer au mestier de la guerre, qui veut tout un homme, et qui le rend autant ennemy des lettres, que les lettres le font amy de la paix. Je t'en particulariserois

1. L'odeur en un fruit n'était pas une forme mais un accident.

quelques combats qui n'estoient point des duels, comme fut
celuy où de cent hommes attroupez pour insulter en plein jour
à un de ses amis sur le fossé de la porte de Nesle, deux par leur
mort, et sept autres par de grandes blessures, payerent la
peine de leur mauvais dessein ; mais outre que cela passeroit
pour fabuleux, quoy que fait à la veue de plusieurs personnes
de qualité qui l'ont publié assez hautement pour empescher
qu'on en puisse douter, je croy n'en devoir pas dire davantage,
puis qu'aussi bien en suis-je à l'endroit où il quitta Mars pour
se donner à Minerve : je veux dire qu'il renonça si absolument
à toutes sortes d'emplois depuis ce temps-là, que l'estude fut
l'unique auquel il s'adonna jusqu'à la mort.

Au reste, il ne bornoit pas sa haine pour la sujettion à celle
qu'exigent les Grands aupres desquels on s'attache ; il l'esten-
doit encore plus loin, et mesme jusqu'aux choses qui luy
sembloient contraindre les pensées et les opinions dans lesquelles il vouloit estre aussi libre que dans les plus indiffe-
rentes actions ; et il traittoit de ridicules certaines gens qui
avec l'authorité d'un passage ou d'Aristote ou de tel autre,
pretendent aussi audacieusement que les disciples de Pita-
gore, avec leur *Magister dixit*, juger des questions importantes,
quoy que des espreuves sensibles et famillieres les démentent
tous les jours. Ce n'est pas qu'il n'eust toute la veneration
qu'on doit avoir pour tant de grands philosophes, anciens et
modernes, mais la grande diversité de leurs sectes, et
l'estrange contrarieté de leurs opinions, luy persuadoient
qu'on ne devoit estre d'aucun party,

Nullius addictus jurare in verba magistri [1].

Democrite et Pirron luy sembloient, apres Socrates, les plus
raisonnables de l'antiquité, encore n'estoit-ce qu'à cause que
le premier avoit mis la verité dans un lieu si obscur qu'il estoit
impossible de la voir, et que Pirron avoit esté si genereux
qu'aucun des sçavans de son siecle n'avoit pû mettre ses
sentimens en servitude, et si modeste qu'il n'avoit jamais
voulu rien decider ; adjoustant à propos de ces sçavans, que
beaucoup de nos modernes ne luy sembloient que les echos
d'autres sçavans, et que beaucoup de gens passent pour tres-
doctes, qui auroient passé pour tres-ignorans, si des sçavans
ne les avoient precedez. De sorte que quand je luy demandois
pourquoy donc il lisoit les ouvrages d'autruy, il me respondoit
que c'estoit pour connoistre les larcins d'autruy, et que s'il
eust esté juge de ces sortes de crimes, il y auroit estably des
peines plus rigoureuses que celles dont on punit les voleurs de

---

1. N'ayant juré allégeance aux formules d'aucun maître (Horace).

grands chemins, à cause que la gloire estant quelque chose de plus precieux qu'un habit, qu'un cheval, et mesme que de l'or, ceux qui s'en acquierent par des livres qu'ils composent de ce qu'ils dérobent chez les autres, estoient comme des voleurs de grands chemins qui se parent aux despens de ceux qu'ils dévalisent ; et que si chacun eust travaillé à ne dire que ce qui n'eust point esté dit, les biblioteques eussent esté moins grosses, moins embarassantes, plus utiles, et la vie de l'homme (quoy que trescourte) eust presque suffy pour lire et sçavoir toutes les bonnes choses ; au lieu que pour en trouver une qui soit passable, il en faut lire cent mille ou qui ne valent rien, ou qu'on a leues ailleurs une infinité de fois, et qui font cependant consommer le temps inutilement et desagreablement.

Neantmoins il ne blâmoit jamais un ouvrage absolument, quand il y trouvoit quelque chose de nouveau, parce qu'il disoit que c'estoit un accroissement de bien aussi grand pour la République des Lettres, que la découverte des terres nouvelles est utile aux anciennes ; et la nation des critiques luy sembloit d'autant plus insuportable qu'il attribuoit à l'envie et au dépit qu'ils avoient de se voir incapables d'aucune entreprise (qui est toûjours louable, quand bien l'effet n'y répondroit pas entierement), la passion qu'ils font paroistre à reprendre les autres. [...]

Cependant comme il n'avoit que des sentiments extraordinaires, aucun de ses ouvrages n'a esté mis entre les communs. Son *Agrippine* commence, continue et finit d'une maniere que d'autres n'avoient point encore prattiquée. L'elocution y est toute poëtique, le sujet bien choisi, les rolles fort beaux, les sentiments romains dans une vigueur digne d'un si grand nom, l'intrigue merveilleux, la surprise agreable, le démeslé clair, et la regle des vingt-quatre heures si regulierement observée, que cette piece peut passer pour un modele du poëme dramatique.

Mais en quoy particulierement il estoit admirable, c'est que du serieux il passoit au plaisant et y reussissoit également. Sa comedie du *Pedant Joué* en est une preuve et tres-forte et tres-agreable, de mesme que plusieurs de ses autres ouvrages un tesmoignage tres-fidele de l'universalité de son bel esprit. Son *Histoire de l'Estincelle et de la République du Soleil*, où en mesme stile qu'il a prouvé la lune habitable, il prouvoit le sentiment des pierres, l'instinct des plantes et le raisonnement des brutes, estoit encore au dessus de tout cela, et j'avois resolu de la joindre à celle-cy : mais un voleur qui pilla son coffre pendant sa maladie, m'a privé de cette satisfaction, et toy de ce surcroist de divertissement.

Enfin, Lecteur, il passa toujours pour un homme d'esprit tres-rare, à quoy la nature joignit tant de bonheur du costé des sens, qu'il se les soûmit toujours autant qu'il voulut : de sorte qu'il ne but du vin que rarement, à cause (disoit-il) que son excés abrutit, et qu'il falloit estre autant sur la precaution à son égard que de l'arsenic (c'estoit à quoy il le comparoit), parce qu'on doit tout apprehender de ce poison, quelque preparation qu'on y aporte, quand mesme il n'y auroit à en craindre que ce que le vulgaire nomme *qui pro quo*, qui le rend toûjours dangereux. Il n'estoit pas moins modéré dans son manger, dont il bannissoit les ragousts tant qu'il pouvoit, dans la croyance que le plus simple vivre, et le moins mixtionné, estoit le meilleur : ce qu'il confirmoit par l'exemple des hommes modernes, qui vivent si peu, au contraire de ceux des premiers siecles, qui semblent n'avoir vescu si longtemps, qu'à cause de la simplicité de leurs repas.

Quippe aliter tunc orbe novo cœloque recenti
Vivebant homines [1].

Il accompagnoit ces deux qualitez d'une si grande retenue envers le beau sexe, qu'on peut dire qu'il n'est jamais sorty du respect que le nostre luy doit ; et il avoit joint à tout cela une si grande aversion pour tout ce qui luy sembloit interessé, qu'il ne pût jamais s'imaginer ce que c'estoit de posseder du bien en particulier, le sien estant bien moins à luy qu'à ceux de sa connoissance qui en avoient besoin. Aussi le ciel, qui n'est point ingrat, voulut que d'un grand nombre d'amis qu'il eut pendant sa vie, plusieurs l'aimassent jusqu'à la mort, et quelques-uns mesmes par delà.

Je me doute, Lecteur, que ta curiosité, pour sa gloire et ma satisfaction, passionne que j'en consigne les noms à la postérité, et j'y defere d'autant plus volontiers, que je ne t'en nommeray aucun qui ne soit d'un merite extraordinaire, tant il les avoit bien sceu choisir. Plusieurs raisons, et principalement l'ordre du temps, veulent que je commence par Monsieur de Prade, en qui la belle science égale un grand cœur et beaucoup de bonté ; que son admirable *Histoire de France* fait si justement nommer le Corneille Tacite des François ; et qui sceut tellement estimer les belles qualitez de Monsieur de Bergerac, qu'il fut apres moy le plus ancien de ses amis, et un de ceux qui le luy a tesmoigné plus obligemment en une infinité de rencontres. L'illustre Cavois qui fut tué à la bataille de Lens, et le vaillant Brissailles, enseigne des gendarmes de son Altesse Royale, furent non seulement les justes estimateurs de ses belles actions, mais encore ses glorieux tesmoins et ses fideles compagnons en quelques-unes. J'ose dire que

---

1. Car alors, dans un monde neuf et sous un ciel naissant, tout autrement vivaient les hommes.

mon frere et Monsieur de Zedde qui se connoissent en braves, et qui l'ont servy et en ont esté servis dans quelques occasions souffertes en ce temps-là aux gens de leur mestier, égaloient son courage à celuy des plus vaillans; et si ce tesmoignage estoit suspect à cause de la part qu'y a mon frere, je citerois encore un brave de la plus haute classe, je veux dire Monsieur Duret de Monchenin, qui l'a trop bien connu et trop estimé, pour ne pas confirmer ce que j'en dis. J'y puis adjoûter Monsieur de Bourgongne, Mestre de Camp du regiment d'infanterie de Monseigneur le Prince de Conty, puis qu'il vit le combat sur humain dont j'ay parlé, et que le tesmoignage qu'il en rendit avec le nom d'intrepide, qu'il luy en donna toûjours depuis, ne permet pas qu'il en reste l'ombre du moindre doute, au moins à ceux qui ont connu Monsieur de Bourgongne, qui estoit trop sçavant à bien faire le discernement de ce qui merite de l'estime d'avec ce qui n'en merite point, et dont le genie estoit universellement trop beau pour se tromper dans une chose de cette nature. Monsieur de Chavagne, qui court toujours avec une si agreable impetuosité au devant de ceux qu'il veut obliger; cet illustre conseiller, Monsieur de Longueville Gontier, qui a toutes les qualitez d'un homme achevé; Monsieur de S. Gilles, en qui l'effet suit toûjours l'envie d'olbiger, et qui n'est pas un petit tesmoin de son courage et de son esprit; Monsieur de Lignieres, dont les productions sont les effets d'un parfaitement beau feu; Monsieur de Chasteaufort, en qui la memoire et le jugement sont si admirables, et l'application si heureuse d'une infinité de belles choses qu'il sçait; Monsieur des Billettes, qui n'ignore rien à 23 ans de ce que les autres font gloire de sçavoir à cinquante; Monsieur de la Morliere, dont les mœurs sont si belles et la façon d'obliger si charmante; Monsieur le Comte de Brienne, de qui le bel esprit respond si bien à sa grande naissance, eurent pour luy toute l'estime qui fait la veritable amitié, dont à l'envy ils prirent plaisir de luy donner des marques tres-sensibles. Je ne particulariseray rien de ce fort esprit, de ce tout sçavant, de cet infatigable à produire tant de bonnes et si utiles choses, Monsieur l'abbé de Villeloin, parce que je n'ay pas eu l'honneur de le hanter, mais je puis asseurer que Monsieur de Bergerac s'en louoit extremement, et qu'il en avoit receu plusieurs tesmoignages de beaucoup de bonté.

J'aurois adjousté que, pour complaire à ses amis qui luy conseilloient de se faire un patron qui l'appuyast à la Cour ou ailleurs, il vainquit la grande amour qu'il avoit pour sa liberté, et que jusqu'au jour qu'il receut à la teste le coup dont j'ay parlé, il demeura aupres Monsieur le Duc d'Arpajon, à qui mesme il dedia tous ses ouvrages; mais parce que dans sa maladie il se plaignit d'en avoir esté abandonné, j'ay crû ne pas devoir decider, si ce fut par un effet du malheur general pour tous les petits, et commun à tous les Grands qui ne se souviennent des services qu'on leur rend que dans le temps qu'ils les reçoivent; ou si ce n'estoit point un secret du ciel, qui voulant l'oster si-tost du monde, vouloit aussi luy inspirer le peu de regret qu'on doit avoir de quitter ce qui nous y semble de plus beau, et qui pourtant ne l'est pas toûjours.

Je ferois tort à Monsieur Roho [1], si je n'adjoûtois son nom sur une liste si glorieuse, puis que cet illustre mathematicien, qui a tant fait de belles espreuves phisiques, et qui n'est pas moins aimable pour sa bonté et sa modestie, que relevé au dessus du commun par sa science, eut tant d'amitié pour Monsieur de Bergerac et s'interessa de sorte pour ce qui le touchoit, qu'il fut le premier qui descouvrit la veritable cause de sa maladie, et qui recharcha soigneusement, avec tous ses amis, les moyens de l'en delivrer. Mais Monsieur des Bois-clairs, qui jusques dans ses moindres actions n'ayant rien que d'heroïque, crût trouver en Monsieur de Bergerac une trop belle occasion de satisfaire sa generosité pour en laisser la gloire aux autres, qu'il resolut de prevenir, et qu'il prevint en effet dans une conjuncture d'autant plus utile à son amy, que l'ennuy de sa longue captivité le menaçoit d'une prompte mort, dont une violente fievre avoit mesme desja commencé le triste prelude. Mais cet amy sans pair l'interrompit par un intervale de quatorze mois qu'il le garda chez luy; et il eust eu avec la gloire que meritent tant de grands soins et tant de bons traittemens qu'il luy fit, celle de luy avoir conservé la vie, si ses jours n'eussent esté comptez et bornez à la trente-cinquiesme année de son âge, qu'il finit à la campagne chez Monsieur de Cyrano son cousin, dont il avoit receu de grands tesmoignages d'amitié, de qui les conversations, si sçavantes dans l'histoire du temps present et du passé, luy plaisoient extremement, et chez qui par une affectation de changer d'air qui precede la mort et qui en est un simptome presque certain dans la pluspart des malades, il se fit porter cinq jours avant de mourir.

Je croy que c'est rendre à Monsieur le Mareschal de Gassion une partie de l'honneur qu'on doit à sa memoire, de dire qu'il aimoit les gens d'esprit et de cœur, parce qu'il se connoissoit en tous les deux, et que sur le recit que Messieurs de Cavoys et de Cuigy luy firent de Monsieur de Bergerac, il le voulut avoir aupres de luy; mais la liberté dont il estoit encore idolatre (car il ne s'attacha que long temps apres à Monsieur d'Arpajon) ne pût jamais luy faire considerer un si grand homme comme un maistre: de sorte qu'il aima mieux n'en estre pas connu et estre libre, que d'en estre aimé et estre contraint. Et mesme

1. Rohaut.

cette humeur si peu soucieuse de la fortune, et si peu des gens du temps, luy fit negliger plusieurs belles connoissances que la Reverende Mere Marguerite, qui l'estimoit particulièrement, voulut luy procurer, comme s'il eust pressenty que ce qui fait le bonheur de cette vie luy eust esté inutile pour s'assurer celuy de l'autre. Ce fut la seule pensée qui l'occupa sur la fin de ses jours; d'autant plus serieusement que Madame de Neuvillette, cette femme toute pieuse, toute charitable, toute à son prochain parce qu'elle est toute à Dieu, et de qui il avoit l'honneur d'estre parent du costé de la noble famille des Berangers, y contribua de sorte qu'enfin le libertinage dont les jeunes gens sont pour la plupart soupçonnez, luy parut un monstre, pour lequel je puis tesmoigner qu'il eut depuis cela toute l'aversion qu'en doivent avoir ceux qui veulent vivre chrestiennement.

J'auguray ce grand changement quelque temps avant sa mort, de ce que luy ayant un jour reproché la melancolie qu'il tesmoignoit dans les lieux où il avoit accoustumé de dire les meilleures et les plus plaisantes choses, il me respondit, que c'estoit à cause que commençant à connoistre le monde, il s'en desabusoit; et qu'enfin il se trouvoit dans un estat où il prévoyoit que dans peu la fin de sa vie seroit la fin de ses disgraces, mais qu'en verité son plus grand déplaisir estoit de ne l'avoir pas mieux employée.

> *Jam juvenem vides,*

me dit-il,

> *instet cum serior aetas*
> *Moerentem stultos praeteriisse dies* [1].

« Et en verité, adjousta-t'il, je croy que Tibulle prophetisoit de moy quand il parloit de la sorte, car personne n'eut jamais tant de regret que j'en ay de tant de beaux jours passez si inutilement. »

Biographie d'Edmond Rostand (1868-1918)

1868. 1er avril — Edmond Rostand naît à Marseille, dans une vieille famille provençale, cultivée et aisée, qui tire son revenu de la banque. Son père est un polygraphe, et notamment journaliste et économiste.

---

1. On voit bien vite l'homme jeune, quand se rapproche l'âge mûr, regretter les jours consumés follement.

1878-1884. — Études secondaires à Marseille.

1884. — Collège Stanislas, à Paris. Brillant élève, selon son professeur René Doumic. Il remporte le prix du Maréchal de Villars décerné par l'Académie de Marseille pour un essai, *Deux romanciers de Provence : Honoré d'Urfé et Émile Zola*.

1888. — A Luchon, où les Rostand passent régulièrement les vacances d'été, il fait la connaissance de Rosemonde Gérard, petite-fille du maréchal Gérard, et poète elle-même. Il fréquentera avec elle Leconte de Lisle et son entourage. Il commence des études de droit (il sera avocat, inscrit au barreau à Paris, mais n'exercera jamais).

1889. — *Le Gant rouge*, son vaudeville en quatre actes, écrit en collaboration avec le demi-frère de Rosemonde, Henry Lee, est joué au Théâtre de Cluny. Pas de succès.

1890. — Épouse Rosemonde Gérard. Publie chez Lemerre, l'éditeur des Parnassiens, un recueil de vers, *Les Musardises*. Accueil flatteur de la critique — on le compare à Musset. Vente presque nulle.

1891. — Présente *Les Deux Pierrots*, pièce en un acte et en vers, à la Comédie-Française, mais la pièce est refusée.

1891-1892. — Rostand travaille à un *Alceste*, qui aurait mis en scène l'Hôtel de Rambouillet (inachevé).

1893. — *Les Romanesques*, comédie en trois actes et en vers, acceptée à la Comédie-Française.

1894. 21 mai — Création des *Romanesques*, pièce qui trouve un public et un joli succès — on le compare à Musset. Naissance de Jean Rostand, le futur biologiste et moraliste.

1895. — *La Princesse lointaine*, pièce en quatre actes et en vers, est créée le 5 avril au théâtre de la Renaissance, par Sarah Bernhardt, pour laquelle Rostand l'aurait écrite. Représentation fastueuse, qui réunissait autour de Sarah de très grands acteurs (De Max était Joffroy Rudel, Lucien Guitry Bertrand d'Allamanon). Mais un succès d'estime.
Le célèbre acteur Coquelin lui aurait demandé une pièce. Ce sera *Cyrano*.

1896. — Rostand est « neurasthénique », nous dirions « dépressif », Jules Renard dit « insupportable » — et le compare à Musset.
Il prend parti pour Dreyfus.

1897. 14 avril — Création de *La Samaritaine*, évangile en trois tableaux, toujours par Sarah Bernhardt à la Renaissance. Pièce biblique dans le goût symboliste. Succès relatif.
Le 27 décembre, répétition générale de *Cyrano de Bergerac*. Début d'un triomphe ininterrompu pendant quinze mois : 400 représentations. On le compare à Hugo.

1898. — La gloire : le 1er janvier, Rostand reçoit la Légion d'honneur, il est élu à l'Académie des sciences morales et politiques.

1899. — Travaille à *L'Aiglon*, pour Sarah Bernhardt.

1900. 15 mars — Création de *L'Aiglon*, drame en six actes et en vers, au théâtre Sarah-Bernhardt, avec Sarah dans le rôle du duc de Reichstadt. L'événement est très attendu, mais le succès, encore très grand, n'est pas à la hauteur de celui de *Cyrano*.

La neurasthénie de Rostand s'aggrave, et se complique d'une pneumonie. Il s'établit alors dans les Pyrénées-Atlantiques, à Cambo-les-Bains.

1901. — Élu à l'Académie française, il succède à Henri de Bornier, dramaturge en son temps célèbre pour le triomphe de *La Fille de Roland*, drame patriotique en vers. (La réception n'aura lieu que le 4 mai 1903, à cause de la maladie de Rostand.)

— Dans les années qui suivent, la production de Rostand se ralentit beaucoup. Il vit toujours à Cambo, et y a pratiquement achevé *Chantecler* dès 1905. Mais il est tourmenté de scrupules et ne le donne à Coquelin que fin 1908. La mort de Coquelin retarde encore la création de la pièce — dont tout le monde s'entretient et attend merveille.

1910. 7 février. — *Chantecler* est créé à la Porte-Saint-Martin, avec Lucien Guitry. Grand concours de peuple, mais la pièce est franchement contestée. Déception de Rostand.

1911-1914. — L'activité littéraire d'Edmond Rostand s'achève pratiquement. En 1911, il écrit *La Dernière Nuit de Don Juan* (jouée en 1922 seulement). Mais sa gloire ne faiblit pas, principalement à cause des innombrables reprises de *Cyrano*. Le 3 mai 1913, la Porte-Saint-Martin fête sa millième représentation. Si l'on compte les tournées en province et les représentations à l'étranger, ce chiffre peut être triplé, voire quadruplé.

1914-1918. — Rostand, toujours malade, suit intensément les opérations, visitera même le front en 1915. Il écrit les poèmes du *Vol de la Marseillaise* (1916), un gros volume qui n'a pas ajouté à sa gloire. Il meurt de l'épidémie de grippe espagnole qui ravage Paris, le 2 décembre 1918.

Bibliographie succincte

Sur le théâtre contemporain de Cyrano

ROBICHEZ, Jacques, *Le Symbolisme au théâtre. Lugné-Poe et les débuts de l'Œuvre.* Paris, l'Arche, 1972. *Vingt-Cinq Ans de littérature française* (sous la direction d'Eugène MONTFORT), tome I, Paris, Librairie de France, s.d.

Sur Edmond Rostand et Cyrano

Il n'existe pas encore d'étude universitaire disponible ; la thèse de M.-B. Plasse, *La Dramaturgie d'Edmond Rostand*, est restée inédite. On consultera le fonds Rondel et son supplément à la bibliothèque de l'Arsenal.

MAGNE, Émile, *Les Erreurs de documentation de « Cyrano de Bergerac »*, Paris, édition de la Revue de France, 1898.

RICTUS, Jehan, *Un « bluff » littéraire. Le cas Edmond Rostand*, Paris, Sevin et Rey, 1903.

GÉRARD, Rosemonde (Mme Edmond Rostand), *Edmond Rostand*, Paris, Charpentier, 1935.

DUSSANE, B., *Dieux des planches*, Paris, Flammarion, 1964.

VERNOIS, P., « Architecture et écriture théâtrale dans *Cyrano de Bergerac* », *Travaux de linguistique et de littérature de l'université de Strasbourg*, IV, 2, 1966.

RIPERT, E., *Edmond Rostand, sa vie, son œuvre*, Paris, Hachette, 1968.

BLANCHARD, A., « Rostand et la poésie baroque », *Points et contrepoints*, décembre 1973.

JERDORFF-JESSEN, M., *Historiens, legends og Rostands « Cyrano de Bergerac »*, Copenhague, Hernov, 1984.

WEBER, J., *A vue de nez*, Paris, Mengès, 1985.

ANDRY, M., *Le Panache et la Gloire*, Paris, Plon, 1986.

Éditions commentées de Cyrano

Trois éditions sont parues en 1983, date d'entrée dans le domaine public des œuvres d'Edmond Rostand.

L'édition de l'Imprimerie nationale, collection des Lettres françaises, par Jacques TROCHET.

L'édition du Livre de Poche classique, par Patrice PAVIS, avec une préface de P. BARILLET.

L'édition « Folio » Gallimard, par Patrice BESNIER.

Ajoutons l'édition des Classiques Larousse de 1985, par Patrice PAVIS.

Sur Savinien Cyrano de Bergerac

Les Œuvres libertines de Cyrano de Bergerac, éditées par Frédéric LACHÈVRE.

Œuvres complètes ou les États et Empires de la Lune, Paris, éditées par Jean PRÉVOT, Paris, Velin, 1977.

L'Autre Monde ou les États et Empires de la Lune, Paris, société Georges MONGREDIEN, *Cyrano de Bergerac*, Paris, Berger-Levrault, 1964.

Pour la bibliographie que pouvait utiliser Edmond Rostand, voir l'Introduction.

Scénographie

Créée, on l'a vu, le 28 décembre 1897 au théâtre de la Porte-Saint-Martin, avec Constant Coquelin en Cyrano, la pièce y connut quatre cents représentations, et fut reprise chaque année (de 1904 à 1907 au théâtre de la Gaîté), jusqu'à la mort de Coquelin (1909).

Le Bargy reprend le rôle en 1913 et joue la « millième » le 26 avril 1913. On estime qu'en comprenant les tournées en province, *Cyrano* aurait été représenté trois mille fois en 1913.

De 1913 à 1936, la pièce figure à l'affiche presque chaque année, avec Pierre Magnier, puis Victor Francen, puis Pierre Fresnay (en 1928 à Sarah-Bernhardt).

Elle entre au répertoire de la Comédie-Française, créée le 19 décembre 1938, avec André Brunot dans le rôle de Cyrano, reprise tous les ans jusqu'en 1953.

En 1956, elle est reprise au théâtre Sarah-Bernhardt, par Raymond Rouleau, avec Pierre Dux ; en 1964, à la Comédie-Française par Jacques Charron, avec Jean Piat, et elle fut jouée tous les ans jusqu'en 1972. Représentations de gala en 1976.

On constate à partir de là une pause.

La pièce est reprise en 1983 — date de l'entrée de l'œuvre d'Edmond Rostand dans le domaine public. On notera la mise en scène de Jérôme Savary au théâtre Mogador, avec Jacques Weber. Dans la brochure qui donne le programme de cette représentation, Jacques Crépineau estimait alors à 14 000 le nombre de représentations de *Cyrano*.

La même année la pièce est donnée au Nouveau Théâtre de Besançon, par Denis Llorca, et au Grenier de Toulouse par Maurice Sarrazin, avec Denis Manuel.

Voici quelques-uns des principaux interprètes de Cyrano :
Constant Coquelin, Le Bargy, Jean Daragon, Candé, Pierre Magnier, Chabert, Jacques Grétillat, Pierre Fresnay, Victor Francen, Gabriel Signoret, Romuald Joubé, Charpin, Jean Weber, Denis d'Inès, André Brunot, Pierre Dux, Maurice Escande, Jean Martinelli, Maurice Donnaud, Paul-Émile Deiber, Jean-Paul Coquelin, Bernard Noël, Daniel Sorano, Jean Piat, Jacques Toja, Jacques Destoop, Alain Pralon.

Filmographie

Films inspirés par la pièce ou le personnage, d'après le fichier de la bibliothèque de la Cinémathèque du Palais de Chaillot, et d'après le *Dictionnaire filmographique de la littérature mondiale* (Gand, 1975) de Johan DAISNE.

1900 — *Cyrano de Bergerac*, Clément Maurice filme Constant Coquelin en Cyrano.

1909 — *Cyrano de Bergerac*, film d'Ernesto Pasquali (Italie).

1909 — *Cyrano et d'Assoucy*, d'Albert Cappellani, scénario d'Abel Gance (France).

1923 — *Cyrano de Bergerac*, d'Augusto Genina, avec Pierre Magnier (Italie).

1945 — *Cyrano de Bergerac*, de Fernand Rivers, avec Claude Dauphin (France).

1951 — *Cyrano de Bergerac*, de Michael Gordon, avec José Ferrer.

1962 — *Cyrano et d'Artagnan*, d'Abel Gance, scénario original « d'après Edmond Rostand et Dumas père » (semble ignorer la série des *Cyrano et d'Artagnan* de Paul Féval fils). Avec José Ferrer (Cyrano) et Jean-Pierre Cassel (d'Artagnan).

1990 — *Cyrano de Bergerac*, de Jean-Paul Rappeneau, avec Gérard Depardieu.

Table

Achevé d'imprimer en juin 2008, en France sur Presse Offset par
Maury-Imprimeur - 45330 Malesherbes
N° d'imprimeur : 137453
Dépôt légal 1re publication : septembre 1962
Édition 51 - juin 2008
LIBRAIRIE GÉNÉRALE FRANÇAISE - 31, rue de Fleurus - 75278 Paris Cedex 06

30/0873/7